Georg Schlaeger

Studien über das Tagelied

Georg Schlaeger

Studien über das Tagelied

ISBN/EAN: 9783744720908

Hergestellt in Europa, USA, Kanada, Australien, Japan

Cover: Foto ©Thomas Meinert / pixelio.de

Weitere Bücher finden Sie auf **www.hansebooks.com**

STUDIEN ÜBER DAS TAGELIED.

INAUGURAL-DISSERTATION

ZUR

ERLANGUNG DER PHILOSOPHISCHEN DOKTORWÜRDE

EINGEREICHT BEI DER

PHILOSOPHISCHEN FAKULTÄT JENA

VON

GEORG SCHLÆGER.

JENA
FROMMANNSCHE HOF-BUCHDRUCKEREI
(HERMANN POHLE)
1895.

Vorwort.

Die erste der vorliegenden abhandlungen ist aus einer arbeit hervorgegangen, die ich vor mehr denn zwei jahren im romanischen seminar zu Jena vorlegte. Sie bildet also ein ganzes für sich. Dagegen gehören die beiden anderen enger zusammen: Jeanroys inhaltreiches buch, in dem naturgemäß die einzelne gattung nicht ihr volles recht bekommen konnte, und GParis' gediegene anzeige darüber regten mich an, einigen gedanken und zweifeln weiter nachzugehen und namentlich der frage nach der herkunft des tageliedes auch einmal auf einem anderen wege näher zu treten. Solche gesichtspunkte haben mich in allem und jedem geleitet. Man erwarte also nicht eine allseitige behandlung des stoffes; insbesondere habe ich es unterlassen, die beziehungen des tageliedes zu anderen lyrischen gattungen, zum epos u. s. w. aufzusuchen. Wer eine geschichte des tageliedes schreiben wollte, fände noch genug zu tun: ich mußte schon deshalb darauf verzichten, weil mir das material für andere romanische litteraturen hier nur schwer erreichbar ist. — Auch eine vollständige übersicht über die einschlägige litteratur lag nicht in meiner absicht, doch habe ich alles verwertete treulich angegeben; es ist dabei zu beachten, daß ein einmal genanntes buch auch sonst als benutzt zu gelten hat.

Einen übersehenen fehler bitte ich zu verbessern: seite 7, zeile 19 sind nach „ersten" die worte „und den beiden letzten" einzufügen.

Meinem verstorbenen lehrer Eduard Schwan danke ich manche wertvolle anregung, namentlich für die erste abhandlung. Dank sage ich auch den herren professoren Cloetta in Jena und Voretzsch in Tübingen, die mir immer bereitwilligst mit rat und tat beigestanden haben.

Jena, im januar 1895.   Georg Schläger.

Inhalt.

                                                                                  seite

I. Das altfranzösische tagelied 'Gaite de la tor' (Raynaud nr. 2015) 1

II. Das tagelied in der Provence und in Nordfrankreich . 15

    Allgemeines über das tagelied s. 15 — die einzelnen provenzalischen tagelieder s. 25 — zusammenstellung der wesentlichen züge s. 36 — uneigentliche alba und serena; das „geistliche wächterlied" s. 43 — das tagelied in der französischen litteratur s. 57.

III. Die herkunft des tageliedes 71

    Die „lateinisch-provenzalische alba" s. 71 — die verschiedenen theorien über die entstehung des tageliedes s. 78 — das klassische altertum und der pseudoovidische brief Leanders an Hero s. 83.

Anhang: Die weise des altfranzösischen tageliedes . . . 89

I.

Die bekannte altfranzösische 'aubade' *Gaite de la tor* (Raynaud, Bibliographie des chansonniers français nr. 2015) gehört noch immer zu den schmerzenskindern der exegese. Trotz einer ganzen reihe von ausgaben und besprechungen hat man doch gerade noch in den neuesten veröffentlichungen wege der erklärung eingeschlagen, die meines erachtens zu keinem befriedigenden ziele führen können, und so sieht sich denn z. b. noch GParis ebenso wie die älteren herausgeber genötigt, das gedicht als verwickelt und dunkel zu bezeichnen. Und da es bei der verhältnismäßig geringen pflege, die der altfranzösischen lyrik noch jetzt auf unseren hochschulen gewidmet wird, kaum wahrscheinlich ist, daß sich viele ernstlich mit dem liede beschäftigt haben, so wird es vielleicht gerechtfertigt erscheinen, wenn ich ausführlicher auf kritik und erklärung des einen und ziemlich isolierten, aber in mehr als einer beziehung hochinteressanten sprachdenkmals eingehe.

Zunächst aber seien die bisherigen versuche in kürze verzeichnet.

1. Der erste abdruck in PParis' ausgabe des romans 'Berte aus grans piés' 1832 ist mir nicht zugänglich. Er zeigt aber schwerlich nennenswerte verschiedenheit von dem zweiten in seinem Romancero françois 1833, s. 66—69 [1]). Dame, ritter und wächter sollen am gespräche beteiligt sein; das ganze erscheint balladenartig, indem sich der herausgeber die situation offenbar wechselnd denkt. Im einzelnen macht es manche schwierigkeiten, die im allgemeinen erkennbare auffassung mit der interpunktion und abteilung des druckes in einklang zu bringen.

---

1) Dazu FWolf in seiner anzeige des Romancero, Wiener Jahrbücher der Litteratur Bd. 66, s. 113.

Später hat PParis diese seine auffassung vollständig verlassen. 1856 giebt er nämlich im 23. bande der Histoire littéraire de la France, s. 811, 812 die situation ganz anders an: der gatte der dame soll beteiligt sein. Das ganze befriedigt noch weniger. Da übrigens diese auffassung nicht im mindesten schule gemacht hat, brauchen wir sie gar nicht mehr zu berücksichtigen: wo also im folgenden von PParis die rede sein wird, ist immer die fassung des Romancero gemeint.

2. Ferdinand Wolf (vgl. auch oben die anmerkung), der schon 1833 in seiner schrift 'Ueber die neuesten Leistungen der Franzosen für die Herausgabe ihrer National-Heldengedichte' ein bruchstück des gedichtes mitgeteilt hatte, brachte 1836 in den nachträgen zu diesem buche (Altdeutsche Blätter I, s. 15 ff.) einen nach dem Romancero berichtigten vollständigen text. Die auffassung PParis' ist nicht durchweg beibehalten: dem wächter fällt lediglich die den hornstoß malende refrainzeile *hu et hu et hu et hu* zu, der dialog gehört nur der dame und dem ritter an. — Größere klarheit wird durch diese änderung nicht erzielt.

3. Leroux de Lincy gab 1841 einen auf eigener lesung beruhenden und mehrfach gebesserten neuen abdruck in seinem Recueil de chants historiques français I, s. 139—143 mit einer freilich nicht immer richtigen übertragung ins neufranzösische. Hier ist eine ganz neue auffassung durchgeführt, die, wie wir sehen werden, für die folgezeit von großer wichtigkeit geworden ist: str. 1—5 erscheinen als zwiegespräch zweier wächter, erst mit str. 6 tritt der ritter ins gespräch ein. — Manches wird dadurch entschieden plausibler, und das erscheinen zweier wächter wäre an sich nichts auffälliges, vgl. ASchultz, Das höfische Leben [2] I, s. 37; 47 f.; de Gruyter, Das deutsche tagelied, Leipzig 1887 (diss.), s. 148, 149; aber an schwierigkeiten fehlt es auch bei Leroux de Lincy's auffassung nicht.

Alle späteren haben sich im wesentlichen PParis oder Leroux de Lincy angeschlossen.

4. Leroux de Lincy's auffassung finden wir anscheinend wieder bei Paul Heyse, Studia Romanensia I (1852), s. 35, sicher bei Jeanroy, Les origines de la poésie lyrique en France, Paris 1889,

s. 79, vgl. auch s. 63, ohne daß etwas beigebracht würde, was die vielen schwierigkeiten heben könnte. Bei G Paris dagegen, Les origines de la poésie lyrique en France, Paris 1892, s. 40/41 (= Journal des Savants 1892, s. 167) erscheint diese auffassung etwas modifiziert: er führt an stelle des einen der beiden wächter einen freund des liebhabers ein, wie er bei Guiraut v. Bornelh (Bartsch, Chrest. prov.⁴ 101—108) und gelegentlich auch im deutschen tageliede (s. de Gruyter a. a. o. s. 25) auftritt. Aber damit wird den hauptschwierigkeiten gar nicht aufgeholfen; und überhaupt ist die einführung des freundes neben dem wächter ganz müßig: sie hat nur dann einen sinn, wenn wie im deutschen tageliede Oswalds von Wolkenstein (vgl. de Gruyter s. 43)[1]) der wächter dem liebespaare feindlich gedacht ist, und der vertraute seinerseits die aufgabe hat, jenen in schach zu halten.

5. Stengel, Zeitschr. f. roman. Phil. IX 410, hat sich der auffassung des Romancero angeschlossen, ohne daß sich gerade erkennen ließe, ob in allen einzelheiten.

Bartsch läßt in den wenigen worten, die er unserem liede in seinem vortrag 'Die romanischen und deutschen Tagelieder' (zuerst im Album des litter. Vereins zu Nürnberg, 1865, s. 1—75, jetzt Gesammelte Vorträge und Aufsätze, 1883, s. 250 ff.) s. 262 widmet, die auffassung des Romancero erkennen. Seine abteilung aber in der Chrestomathie de l'ancien français⁵, sp. 245 ff. scheint sich eigentlich besser zu der auffassung Leroux de Lincy's zu fügen, obwol auch bei dieser annahme neue schwierigkeiten entstehen. Das wahrscheinliche ist, daß Bartsch selbst keine rechte anschauung von der situation unseres gedichtes gewonnen hatte.

Ich gebe nun den text des gedichtes in meiner abteilung und interpunktion und füge dann einige bemerkungen hinzu. Die handschriftliche fassung ist aus dem facsimile im Chansonnier français de Saint-Germain-des-Prés (Bibl. nat. fr. 20050) von PMeyer u. GRaynaud I (Soc. d. a. t. f. 1892) p. 83 zu ersehen.

---

1) Wenn de Gruyter s. 25 für Hadloub dieselbe auffassung vorträgt, so wird dies von Roethe, Anzeiger für deutsches altertum XVI, s. 84 mit recht zurückgewiesen.

(Ritter:) „Gaite de la tor,
gardez entor
les murs, si Deus vos voie,
c'or sont a sejor
5. dame et seignor,
et larron vont en proie.
Hu et hu et hu et hu!
je l'ai veu
la jus soz la coudroie.
10. hu et hu et hu et hu!
a bien pres l'ocirroie.

2. Un douz lai d'amor
de Blancheflor,
compains, vos chanteroie,
15. ne fust la poor
del traïtor
cui je redotteroie.
Hu et hu et hu et hu!
je l'ai veu
20. la jus soz la coudroie.
hu et hu et hu et hu!
a bien pres l'ocirroie."

(Ritter:) 3. „Compainz, en error
sui, k'a cest tor
25. volentiers dormiroie."
(Dame:) 'N'aiens pas paor;
voist a loisor
qui aler vuet par voie'.

---

3 *facs.* se (*so L. de Lincy, die andern herausg.* si).
12 D'un douz lai *hs. u. herausg.*
15 *hs.* poors.
18—22 *hs.* Hu 7 hu.
26 *hs.* naiĕt, *so richtig Leroux de Lincy, die andern herausg. geben* naiĕz *an und bessern* n'aiez.

„Hu et hu et hu et hu!
or soit teu,
30. compainz, a ceste voie."
'Hu et hu! bien ai seu
que nous en avrons joie.

  4. 'Ne sont pas plusor
35. li robeor,
n'i a c'un que je voie,
qui gist en la tor
soz covertor,
cui nomer n'oseroie.'
40. „Hu et hu et hu et hu!
or soit teu,
compainz, a ceste voie."
'Hu et hu! bien ai seu·
que nous en avrons joie.'

45. 5. 'Cortois ameor
qui a sejor
gisez en chambre coie,
n'aiez pas freor,
que tresq' a jor
50. poez demener joie'.
„Hu et hu et hu et hu!
or soit teu,
compainz, a ceste voie."
'Hu et hu! bien ai seu
55. que nous en avrons joie.'

---

37 *hs. u. herausg.* flor (*s. u.*).
40—44 *hs.* Hu.
47 *facs. deutlich* coie, *nicht* soie, *wie Bartsch angiebt.*
51—55 *hs.* Hu.

6. „Gaite de la tor,
vez mon retor
de la ou vos ooie;
d'amie et d'amor
60. a cestui jor
ai ceu que plus amoie.
Hu et hu et hu et hu!
pou ai geu
en la chambre de joie;
65. hu et hu! trop m'a neu
l'aube qui me guerroie.

7. Se salve l'onor
au criator
estoit, tot tens voudroie
70. nuit feist del jor,
jamais dolor
ne pesance n'avroie.
Hu et hu et hu et hu!
bien ai veu
75. de biaute la monjoie;
hu et hu! c'est bien seu.
gaite, a Deu tote voie!"

---

60 *facs. tor, nicht ior, wie herausg. angeben. Man könnte auch die hsl. lesart beibehalten, doch legt das unmittelbar darüber stehende* tor *von v. 56 die möglichkeit eines verschreibens nahe.*

77 *facs. deutlich* deu, *nicht* dieu, *wie Bartsch angiebt.*

Die situation, welche unserm gedichte zu grunde liegt, ergiebt sich ganz zweifellos zunächst aus den, unbedingt dem ritter angehörigen, beiden letzten strophen: von einer erstmaligen zusammenkunft (*d'amie et d'amor a cestui jor* [bezw. *tor*] *ai ceu que plus amoie*: ich besitze nun, wonach ich mich sehnte) im gemach der dame (*en la chambre de joie*) kehrt der ritter beim morgengrauen, durch den ruf des wächters aufgefordert (*ou vos ooie*), zurück und verabschiedet sich von diesem.

Vorher gehen noch zwei, oben durch striche bezeichnete teile, die etwa das vorspiel und den höhepunkt der ganzen handlung ausmachen. Der erste teil enthält die ankunft des durch eine verdächtige gestalt erschreckten ritters auf dem schloßhofe und seine ersten worte an den wächter und die dame. — Der zweite teil zeigt wiederum verschiedene entwickelungsstufen. Den eigentlichen höhepunkt bildet str. 4. Str. 3 braucht nicht notwendig schon im gemache der dame zu spielen, und str. 5 bereitet schon auf das scheiden vor. Vielleicht hat man sich die situation so vorzustellen, daß str. 3 während des hinaufsteigens gesprochen wird, und daß schon nach V, 6 der weckruf zu ergänzen ist, so daß also der schluß von str. 5 schon mit dem herabsteigen zusammenfiele (wobei denn die dame den ritter geleiten müßte). Doch will ich darauf nichts weiter geben. Jedenfalls enthalten die drei strophen eine gar anmutige begleitung der sich gleichsam hinter einem vorhange abspielenden haupthandlung: ein durchgeführtes zwiegespräch, bei dem jedes der beteiligten seine rolle festhält.

Daß diese einteilung im allgemeinen das richtige trifft, findet seine volle bestätigung in den refrainzeilen, welche die strophen sichtlich nach dem schema 2 + 3 + 2 gruppieren. Zu gunsten meiner rollenverteilung im einzelnen spricht aber ganz besonders noch der augenfällige parallelismus zwischen den beiden ersten strophen, ferner die gleichmäßigkeit des refrains von str. 3—5.

Noch eins darf ich als stütze meiner auffassung in anspruch nehmen: die durchgehende charakteristik der beiden redenden personen, welche sie ergiebt. Der ritter wird während des ganzen gespräches seines glückes nicht froh, trotz des sorglosen, scherzenden zuredens seiner resoluten freundin: erst als er das verhängnisvolle gemach im rücken hat, kommt er zum vollen gefühle dessen, was er genossen hat. Er gehört offenbar nicht zu den beherztesten seines standes und hat wol eher durch manchen 'douz lai d'amor' als durch heldentaten das herz der dame gewonnen. Diese aber erscheint durchweg als sein völliges gegenstück. Ich möchte ihr auch deswegen nicht gern I, 1—6 zuteilen, was man leicht für richtiger halten könnte: ihrem wesen steht es gar nicht an, überhaupt nur an gefahr zu denken.

Noch ein paar worte über die stumme rolle des wächters. VI, 3 *de la ou vos ooie* scheint doch zunächst auf eine beteiligung desselben zu deuten, und so ist denn auch das so oft wiederholte *hu* fast allgemein als nachahmung des hornstoßes aufgefaßt worden. Und doch möchte ich mich dieser deutung nicht anschließen. Allerdings ist *hu* zwar nicht als onomatopoetische interjektion, aber doch als substantivische bezeichnung des trompeten- und horntones neben der allgemeinen bedeutung „lärm, geschrei" bei Godefroy belegt. Aber VI, 3 muß sich ja doch auf einen einzelnen hornstoß oder ruf bei morgenanbruch beziehen, so daß das fortwährende tuten ganz sinnlos erscheint. Will man aber *hu* einmal als hornstoß fassen, so muß man es, meine ich, immer tun. Das aber paßt für die stellen recht schlecht, wo es nicht eine ganze zeile ausfüllt, und ganz widersinnig erscheint es mir in den beiden letzten strophen. Daß es aber da lediglich um der form willen festgehalten sei, möchte ich wiederum dem geschmacke unseres dichters nicht zutrauen. Also fasse ich *hu* lieber durchgängig als ausruf des jeweils redenden zur bezeichnung der verschiedensten stimmungen [1]). Der weckruf aber ist im gedichte eben nur nachträglich angedeutet, man hat ihn sich zwischen str. 5 und 6 oder während str. 5 zu denken. Das entspricht auch ganz dem sonstigen sprunghaften, balladenmäßigen charakter des liedes.

Ich schließe nun noch einige erläuternde bemerkungen zu den einzelnen strophen an.

str. 1. Unter den *larron* werden wir schwerlich die merker zu verstehen haben, an die man ja gemäß den gewohnheiten der höfischen lyrik zunächst denken möchte. Diese sind vielmehr erst in str. 2 (*traïtor*) angedeutet. Unser *larron* ist eher mit der mysteriösen persönlichkeit in zeile 8 und 11 zu verbinden: bei seinem kommen hat der ritter, auf schußweite vom schlosse entfernt, eine verdächtige gestalt unter einem haselbusche kauern sehen, daher eine unbestimmte angst vor *larron*, aber unwillkürlich auch vor anderen feinden, die ihn nicht wieder zur ruhe kommen läßt.

str. 2. Ich möchte *un* für *d'un* lesen: *de* ist auf keine weise zu rechtfertigen. Daß der ritter nur einen teil des lai singen will, kann man doch nicht annehmen; noch weniger aber kann man darin eine andeutung sehen, daß nur die melodie zu den versen des ritters einem alten lai über Blancheflor entnommen sein sollte (wie es etwa beim lai dou chievrefuel der fall sein mag).

---

1) Allerdings findet sich in einem bei Bartsch, Vortr. u. Aufs. s. 287 angeführten tagelied Oswalds von Wolkenstein *ahu* im selben sinne schallnachahmend verwendet, und das könnte ja möglichenfalls aus einer romanischen vorlage stammen. Das verhältnis ist aber doch anders: die erwähnung ist lediglich referierend, und zwar mit unmittelbarem bezug auf den morgenruf.

Bisher hat man allgemein die zweite strophe nicht dem ritter zuerkennen wollen, weil *compainx* z. 2 dagegen zu sprechen scheint. Aber der dame stehen die worte nicht recht an: sache des ritterlichen sängers ist es vielmehr, sich durch den vortrag eines liedes angenehm zu machen; auch die hindernde angst vor dem *traïtor* (hierin haben wir sicher eine andeutung der merker und eines verbotenen liebesverhältnisses zu erblicken) paßt, wie wir oben sahen, am besten auf den ritter. *Compainx* in weiblicher verwendung ist zwar nicht gerade gewöhnlich, aber doch auch nicht unbezeugt: so ist der obliquus *compagnon* bei Lacurne de Sainte-Palaye und bei Littré als weiblich belegt aus Perceforest IV f. 149 [1]).

Bei Leroux de Lincy und seinen nachfolgern fällt der gesang natürlich einem der beiden wächter anheim. Jeanroy (Les origines etc. s. 63) verwendet unsere stelle geradezu als beleg für die auch sonst bezeugte sitte, daß wächter während der nacht, also ohne zusammenhang mit dem morgenrufe, zum bloßen zeitvertreib singen, vgl. bes. die oft, z. B. Jeanroy a. a. o., Böckel, Volkslieder aus Oberhessen s. CLX angeführte stelle aus dem Rosenroman (4502 ff.), wo noch dazu in einer ganz nahe an unser gedicht erinnernden weise von 'les' die rede ist [2]). Aber gerade unsere stelle läßt sich unmöglich auf diese gepflogenheit beziehen. Denn warum sollte sich der wächter durch seine angst vor dem 'traïtor' abhalten lassen, seiner gewohnheit zu folgen? Eher singt man doch, um sich die furcht zu vertreiben. Und wenn der 'traïtor' den gesang des wächters hört, so weiß er gleich, daß dieser auf dem posten ist. Also gerade das umgekehrte wäre einleuchtend. —

Str. 3. *a cest tor* kann natürlich nicht bedeuten „in diesem turme", wie es die älteren herausgeber bis auf Bartsch auffassen,

---

1) Auch im mhd. wird *geselle* in weiblicher bedeutung gebraucht, vgl. Grimms wörterb. IV, I, 2 sp. 4028 unter 9), 10); 4030; ferner Müller-Zarncke und Lexer; belege aus neuerer zeit bei Sanders. Entwickelt hat sich dieser gebrauch jedenfalls aus der kollektiven verwendung des plurals für masculina und feminina zusammen, siehe z. B. Jwein 93. 241 bei Müller-Zarncke.

2) *Quant il [Malebouche] scet*
qu'il doit par nuit faire le guet,
il monte le soir as creniaus,
et atrempe ses chalemiaus
et ses buisines et ses cors;
une hore dit les et descors
et sonnez douz de controvaille.

sondern „jetzt", es ist etwa synonym mit dem *a ceste voie* der folgenden strophen, und möglichenfalls mit *a cestui tor* in str. 6. Z. 1—3: der ritter ist im gedanken an die vermeintlichen 'larron' noch so in aufregung und angst (*error*), daß er wünscht, er hätte das wagstück gar nicht unternommen und läge in friedlichem schlafe. 4—6 sucht ihm seine freundin die angst auszureden: laß draußen herumlaufen, wer lust hat! Er aber, immer noch ängstlich, ermahnt sie zum schweigen 7—9; sie dagegen triumphiert 10—11 mit dem hinweis auf die freude der gestillten sehnsucht. — Dieselbe einteilung des refrains auch in str. 4 und 5.

Str. 4. Auf den ersten blick möchte man wieder an den mann unter dem haselstrauche denken: es sieht aus, als wenn jemand, etwa der wächter, den verdächtigen fleck beobachtete und seine bemerkungen im selbst- oder zwiegespräch äußerte. *en la flor* ließe sich ja bei einigem guten willen allenfalls kollektiv nehmen [1]), wenn auch die bezeichnung *flor* für den deckenden haselbusch sehr auffällig bleibt. Aber *soz covertor?* für die vage bedeutung „bedeckt, versteckt" klingt der ausdruck doch viel zu konkret, auch würde das neben *en la flor* eine trivialität sein, die ich unserem dichter nicht zutraue. Wie paßt das also zusammen? Und *cui nomer n'oseroie?* Warum sollte der wächter oder ein anderer nicht wagen, den namen zu nennen, wenn er ihn nur wüßte? — Ich ändere also *flor* in *tor*: nur ein dieb ist vorhanden, und der steckt in der burg, unter der decke der dame, es ist der ritter selbst, und das ganze ist ein verliebter scherz seiner freundin, die ihm immer noch vergeblich die angst wegzuscherzen versucht. — Zu dem bilde vgl. Bartsch, Chrest. prov.[4] 230, 3—6:

> *Dins ma chambr' encortinada*
> *fon el a lairon;*
> *dins ma chambra ben daurada*
> *fon el en preison. aei.*

Hier beweist die wortspielende weiterführung, daß *a lairon* nicht gänzlich den abgeschwächten sinn „verstohlen, heimlich" hat, sondern daß eine wirkliche metapher vorliegt. Auch aus der mhd. litteratur

---

1) Im provenzalischen ist die kollektive verwendung von flor, allerdings ohne artikel, ganz gewöhnlich, s. Diez, Poesie der Troubadours[2] s. 22. Fürs franz. vgl. Mätzner, Altfranz. Lieder s. 276.

ließen sich parallelen anführen, vgl. z. b. *wo mynnes dieb pei
liebe leit verporgen* aus einer Lübecker handschrift, Germania XXI,
423 ₁₅ ¹).

Nun erklärt sich auch IV, 6: man kann es allenfalls als eine
höfisch-banale wendung nehmen ²), aber besser wol als schelmische
ironie der dame: wagen würde sie es schon, den räuber zu nennen,
aber es ist ja gar nicht nötig ³)!

Str. 5. *ameor* als nom. sing. ist in unserem gedichte nichts
alleinstehendes, s. I, 5 *seignor*. Es würde wenig befriedigen, *ameor*
als plur. zu fassen und den anruf dem wächter in den mund zu

---

1) Die änderung des *tor* in *flor* ist nicht weiter auffällig, wenn man
bedenkt, daß der abschreiber die situation sicherlich nicht verstand, und daß
ihm der ausdruck *flor* gewiß in lyrischen gedichten sehr geläufig war. Man
könnte zwar zu gunsten von *flor* die von Heyse a. a. o. s. 45 mitgeteilte
anonyme alba anführen:

> *Quan lo rossinhols escria* [Heyse: *rossinhol s'escria*]
> *ab sa par la nueg el dia,*
> *ieu suy ab ma bell' amia*
> *jos la flor,*
> *tro la gaita de la tor*
> *escrida: drutz, al levar,*
> *qu'ieu vey l'alba el jorn clar!*

aber hier ist die situation offenbar im freien zu denken, wie in der anonymen alba bei Bartsch, Chrest. prov.⁴ 101, 102, an die jene auch sonst
anklingt.

In betreff einer von WMeyer gefundenen strophe zu Guiraut von Bornelhs
alba s. die 2. abhandlung unter IV.

Endlich könnte man sich noch auf eine stelle eines champagnischen liedes
berufen (Romancero de Champagne, p. p. Tarbé, II, p. 171):

> *Puis* [d. h. nach der hochzeit] *nous nous coucherons nous deux*
> *dans un beau lit couvert de fleurs.*

Aber es scheint sich hier doch um einen wirklichen hochzeitsgebrauch
zu handeln, von dem an unserer stelle keine rede sein kann. (Vgl. auch
Romancerillo catalan v. Milá y Fontanals, s. 409). Auch möchte man dann
eher *sox la flor* o. ä. erwarten. Auch der vers bei Bladé, Poés. pop. de la
Gascogne II, s. 162, nach dem die Spanierin *sur un llèit coubert de flous*
sterben soll, kann mich nicht überzeugen, daß unserer stelle eine solche anschauung zu grunde liegen sollte.

2) So ist die formel z. b. auch ins spätere historische volkslied gedrungen,
vgl. Rev. d'hist. litt. de la France I, 152.

3) Es verdient erwähnung, daß, nach seiner übersetzung zu urteilen,
schon Leroux de Lincy diese auffassung von dem 'robeor' hat, freilich ohne
die änderung, und unpassender weise im munde eines wächters.

legen, zumal da der weckruf bald nach diesen worten ertönen muß. Vielmehr hat man sich die situation so zu denken, daß der ritter ängstlich forteilen will, die freundin ihn zum bleiben ermutigt.

Unverkennbar ist unser gedicht unter provenzalischen einflüssen entstanden, worüber später noch gehandelt werden soll. Aber keineswegs haben wir es mit einer banalen nachahmung zu tun. Die ganze knappe, sprunghaft-balladenmäßige darstellung — situation und charaktere mit wenigen, aber sicheren strichen kräftig und realistisch hingeworfen, die einzelnen momente der handlung zwischen den zeilen zu lesen — findet ihresgleichen nicht in der provenzalischen tageliedlitteratur und nähert unser gedicht manchen der besten erzeugnisse der deutschen nachahmer, die es zwar in der eigentümlichen formellen wie psychologischen vertiefung nicht erreicht, dafür aber an lebendiger färbung, anmut und prägnanz übertrifft. Nicht minder weist auch die meisterhafte beherrschung der form — namentlich die refrainzeilen in ihrer verschiedenen behandlung sind ein wahres kunstwerk — sowie die von höfischer banalität weit entfernte schärfe und eleganz des ausdrucks auf einen hochbegabten dichter hin.

An welchem orte freilich und zu welcher zeit wir diesen dichter zu suchen haben, darüber läßt sich nichts genaues ausmachen. Das bestehen des hiatus-e (*vëu, tëu* etc.) weist spätestens auf das 13. jahrhundert, auch der konj. *voist* gehört einer nicht zu späten zeit an. Uebrigens ist ja auch unsere handschrift nicht unter das 13. jahrh. herabzurücken (vgl. Raynaud I s. 173, Schwan, Die altfranzösischen Liederhandschriften s. 174); es hindert aber auch nichts, das gedicht noch dem ende des 12. jahrh. zuzuschreiben.

Was den dialekt des dichters betrifft, so erscheint der westen von vorn herein ausgeschlossen. Reime wie *joie: voie, ooie* u. ä. lassen Suchiers zweite und dritte gruppe zu (s. dessen Altfranzösische Grammatik I s. 50, 51). Nehmen wir aber das verhalten der o-reime hinzu (*sejor, tor: seignor, Blancheflor* etc.), so kommen wir auf den östlichen blauen bezirk von karte XI im Grundriß der rom. Phil. I: Champagne oder Lothringen. Nach dem osten weist auch die form *vuet* (Suchier im Grundriß I s. 603), und das vom abschreiber nicht verstandene *aiens* möchte speziell für Champagne oder Lothringen in die wagschale fallen.

Ein hilfsmittel für die nähere datierung könnte uns unter umständen die erwähnung des 'lai de Blancheflor' str. 2 an die hand geben, wenn wir sie nämlich auf das in derselben hs. überlieferte gedicht *Floires revient seus de Montoire* (Raynaud, Bibl. nr. 1829; Bartsch, Rom. u. Past. I nr. 11) zu beziehen hätten. Die bezeichnung 'laï' dürfte, wenigstens nach den ausführungen FWolfs (Lais, Sequenzen und Leiche s. 9—12) bei einem im stile der 'chansons de toile' gehaltenen liede keine schwierigkeiten machen. Man müßte demnach annehmen, daß dieses gedicht allgemein bekannt gewesen und älter als unsere aubade sei — darnach sieht es nicht eben aus [1]), auch ist es nur einmal überliefert — oder daß es, was in diesem falle mehr wahrscheinlichkeit hätte, von demselben verfasser herrühre. Die mundart scheint dem nicht entgegen zu sein; aber daß die beiden lieder in der hs. getrennt sind, noch dazu so, daß die aubade zwischen provenzalische stücke eingeschoben ist (s. Raynaud I s. 172, 173; Schwans angaben s. 185 sind fehlerhaft), widerspricht doch, und ein innerer grund fehlt völlig. Begnügen wir uns also lieber damit, die andeutung allgemeiner auf den damals sicherlich überall bekannten sagenstoff zu beziehen. —

Was den metrischen bau unseres liedes betrifft, so hat Stengel (ZfrPh. IX, 410), getreu seiner annahme einer der alba ureigenen dreizeiligen und einreimigen strophenform, ein entsprechendes grundschema zu konstruieren gesucht:

$$\begin{array}{l} 5\,a \\ 4\,a \\ \underline{6\,\cup b} \quad = 15\,\cup b \\ 5\,a \\ 4\,a \\ \underline{6\,\cup b} \quad = 15\,\cup b \\ (7\,c)\ 5\,c \\ 4\,c \\ \underline{6\,\cup b} \quad = 15\,\cup b \\ 7\,c \\ 6\,\cup b \quad = \text{refr. } 13\,\cup b. \end{array}$$

---

[1] Heyse nennt a. a. o. s. 35 die aubade „ultra Floris lamentantis aetatem stili vetustate recedens." Dasselbe scheint die ansicht FWolfs zu sein (s. die rezension des Romancero françois in den Wiener Jahrb. d. Litt. 66).

Ohne gewaltsamkeiten geht es dabei nicht ab: der dritte teil erscheint zum refrain gezogen, obwol das nach Stengels grundschema nicht der fall sein sollte, und in zeile 7 müssen zwei silben *et hu* gestrichen werden, wodurch der flotte rhythmus unerträglich verwässert wird. Auch die reimbindung der ursprünglichen refrainzeile mit den anderen zeilen dürfte schwerlich zu rechtfertigen sein. Ueberhaupt kann ich dem ganzen theoretisierenden verfahren Stengels keinen wirklichen wert beimessen, zumal da die annahme der nachahmung eines bestimmten provenzalischen musters durch nichts nahe gelegt wird. Wenn die schweifreimverse einmal in allgemeinem gebrauch waren, so konnte doch der dichter mit ihnen ebenso frei operieren wie mit irgend welchen anderen; und nichts wird ihm gar ferner gelegen haben, als der gedanke an ein theoretisches grundschema mit einreimigen versen.

II.

Die oben besprochene 'aubade' stellt in der altfranz. litteratur das einzige vollständig erhaltene, in provenzalischer weise verfaßte exemplar einer in der Provence (und in Deutschland) sehr beliebten und verbreiteten gattung dar [1]). Unsere aufgabe wird also weiterhin sein: einmal das verhältnis unseres liedes zu den entsprechenden altprovenzalischen zu beleuchten, dann aber auch zu untersuchen, ob noch andere französische gedichte einer einordnung in dieselbe gattung sich fügen, oder ob doch wenigstens spuren davon vorhanden sind.

Um aber für diese untersuchung einen festen standpunkt zu gewinnen, der meines erachtens bisher noch immer gefehlt hat, ist es vor allem nötig, sich prinzipiell die bedeutung einer solchen benennung klar zu machen.

Ueberall, wo die schaffende phantasie eines volkes, d. h. des durchschnitts der darunter zusammengefaßten persönlichkeiten, überhaupt bis zu einem nicht mehr ganz rohen ausdrucke lyrischer stimmung vorgeschritten ist (deren betätigung sich ja an bestimmte gelegenheiten, wie tänze, maifeste u. dgl. knüpfen kann), findet sich häufig auch das scheiden zweier liebenden, ein ganz alltägliches vorkommnis, behandelt. Und wie denn der gegensatz vielleicht den allerstärksten psychologischen reiz ausübt, so verbindet sich ganz ungesucht mit der vorstellung des liebesleides die der vorausgegangenen liebesfreude. So bildet einen urstoff aller volkspoesie das

---

1) vgl. Jeanroy a. a. o. s. 79; GParis a. a. o. s. 40 (= Journal des Savants s. 167).

scheiden eines liebespaares nach gemeinsam und selig verbrachter nacht. Darüber ist nachgerade so viel geschrieben und gesammelt, daß kein wort weiterer begründung nötig ist.

Selbstverständlich werden dabei, trotz der gemeinsamen situation, je nach nationalität und stand der dichtenden persönlichkeiten mancherlei individuelle verschiedenheiten bemerkbar bleiben. Eben so selbstverständlich ist es aber auch, daß gewisse naheliegende züge ganz von selbst immer wiederkehren werden. So wird bei allen einigermaßen civilisierten völkern das bestreben sich äußern, das geschehene vor den menschen zu verheimlichen: die scheu vor der öffentlichkeit ist ein überall gemeinsamer grundzug, in dem man ja nicht einen „konventionellen" zug im höfischen sinne, d. h. die andeutung eines „verbotenen" liebesverhältnisses erblicken darf[1]). — Im widerspruche dazu steht das ebenso natürliche verlangen, das zusammensein möglichst lange währen zu lassen, und die daraus hervorgehende, wirkliche oder versuchte, selbsttäuschung über die anzeichen des anbrechenden tages. Daraus ergiebt sich schon eine ganze anzahl reizvoller kombinationen, je nachdem das eine oder das andere auf weiblicher oder männlicher seite mehr vorwiegt etc. Auch die scenerie wird oft genug ähnliches bieten. Wo es die klimatischen verhältnisse des landes erlauben, wird die situation gern ins freie verlegt sein: es ist das etwas im wesen der poesie selbst begründetes. Auch in diesem falle stellen sich gewisse züge ganz ungesucht immer wieder ein. Das lager ist in einem busche, unter einem baume, in deutschen liedern hauptsächlich unter der linde (s. a. Roethe, Anz. f. d. alt. XVI, s. 92): vielleicht gesellt sich hierzu noch der eine oder andere nebensächlichere zug, aber damit ist es auch zu ende, denn landschaftsmalerei, wie überhaupt ausgeführte schilderung, liegt der naiven poesie fern. Alles das mag gelegentlich den eindruck konventioneller gleichförmigkeit machen, in wirklichkeit ist es das gerade gegenteil. Der vogelsang — ob nun nachtigall oder amsel oder was sonst, ist sache der gegend und des individuellen geschmacks — ist hier auch völlig natürlich; besonders oft wird der eigentliche morgenvogel, die lerche,

---

1) Diesen fehler begeht z. b. Giske in seiner anzeige von de Gruyters dissertation, Zeitschrift für deutsche philologie XXI, s. 245, worüber später. Auch Bartsch (Vortr. u. Aufs. s. 252) hat auf die heimlichkeit des höfischen tageliedes zu viel gewicht gelegt.

erscheinen, und wie leicht ist nicht von ihr aus die verbindung zum vöglein als wecker hergestellt! — Andererseits wird da, wo wie im bairischen hochgebirge der situation eine bestimmte landessitte gleichsam von selbst entgegenkommt, das zusammensein im freien kaum begegnen: hier ist die kammer des mädchens der natürlich gegebene ort, und das gleiche gilt für städtische lebensverhältnisse. Der vogelsang fehlt begreiflicherweise auch hier nicht; aber ebenso ungezwungen stellt sich in bäuerlicher umgebung die hahnenkraht u. ä. ein, in der stadt tritt an die stelle der lerche gelegentlich die schwalbe (s. Jeanroy s. 150, de Gruyter s. 147, GParis s. 37). — Die himmelszeichen ausführlich zu nennen oder gar das allmähliche tagen mit der situation in parallele zu setzen, liegt dem volkslied im allgemeinen ganz fern, das ist sache einer bewußt und kunstmäßig arbeitenden poesie: außer der allgemeinen angabe „es tagt" wird man höchstens einmal eine ganz unausgeführte erwähnung des morgensternes, des tagesgrauens oder eher der sonne finden [1]. —

Das wäre eine kurze, nicht im mindesten erschöpfende charakteristik desjenigen, was man als „volkstümliches tagelied" zu bezeichnen pflegt. Ich bin dabei wesentlich a priori, von meiner auffassung der volkspoesie ausgegangen; nun mache man die probe zunächst mit deutschen volksliedern (wofür de Gruyter so reiches material zusammengetragen hat, dazu noch RMMeyer, Zeitschr. f. d. alt. XXIX, 232 f.), und sie wird stimmen, aber auch romanische beispiele, wie sie Jeanroy anführt, und ebenso solche aus ganz fremden litteraturen werden die richtigkeit meiner ausführungen bekräftigen [2]. Das

---

[1] Als spezifisches kennzeichen dieser lieder, sowie des höfischen tageliedes, kann man die einfache oder ausgeführtere morgenschilderung nicht bezeichnen. Sie findet sich ganz in derselben weise auch ohne jede erotische beziehung: s. z. b. Hardung, Romanceiro portuguez, Leipzig 1877, II, s. 35 und vieles in unserer dritten abhandlung aus der lateinischen und arabischen poesie angeführte.

[2] Für die rein volkstümliche sowol wie für die entwickeltere behandlung dieses stoffes ist schon unendlich viel material gesammelt worden, das für uns nur mittelbares interesse hat, und das ich unmöglich hier einzeln aufführen kann. Ebensowenig kann es meine absicht sein, einen überblick über die verzettelte und nur zum kleineren teile wirklich fruchtbare litteratur über das tagelied zu geben. Für beides findet man reichliche angaben bei de Gruyter und Jeanroy, sowie neuerdings besonders bei Ludwig Fränkel, Shakespeare und das Tagelied, Hannover 1893.

In unserem dritten teile sind noch parallelen aus der arabischen litteratur

hauptkennzeichen ist, daß in der erfassung der situation nichts gemachtes, nichts unwahres, ja nichts fernliegendes sich findet, daß alles persönlicher entwickelte zurücktritt zu gunsten des allgemein empfundenen und daher allgemein verständlichen. Den grund dafür darf man nun freilich nicht mit Jeanroy darin suchen, daß ein volkslied immer durch eine bestimmte situation inspiriert sein müsse [1]), das ist ganz falsch. Ein blick auf die noch heute in voller blüte stehende dichterische improvisation im volke beweist das gegenteil. Auch in den von der kunstpoesie — mit ausnahme etwa der sakralen — noch vollständig unberührten kreisen ist die dichtung ein mittel, sich die zeit zu vertreiben, sich angenehm zu machen, den nebenbuhler zu übertrumpfen etc. Da kann natürlich nicht jeder improvisation eine erlebte situation entsprechen, im gegenteil, es wird dabei eine gewisse aufschneiderei ihre große rolle spielen. Selbst von einer tradition läßt sich reden; aber die traditionell gegebene idee, d. h. die befruchtende situation, wird gewissermaßen bei jeder einzelnen dichterischen äußerung von neuem empfangen, der dichter glaubt sie selbst oder von neuem zu erleben und behandelt sie nun in seiner weise, die eben keine wesentlich andere ist als die seiner anderen stammesgenossen. Etwas konventionelles im eigentlichen sinne des wortes kann sich dabei zunächst nicht festsetzen. .

Ganz in derselben weise kann sich eine solche situation natürlich auch in einer kunstvoller entwickelten poesie spiegeln. Warum sollte das, was dem einfach empfindenden und natürlich darstellen-

---

nachgewiesen; die allgemeinsten umrisse der situation finden sich auch bei Firdusi wieder (Rustem und Tehmime, s. Schacks „Heldensagen des Firdusi", neue ausg. in der Cottaschen Bibliothek der Weltlitteratur, Bd. II, abschnitt VII, 3). Fürs portugiesische vgl. die romanzen vom Conde d'Allemanha bei Hardung, Romanceiro portuguez I, s. 168 ff., 274 ff.

1) Für Jeanroys auffassung ist, neben anderen stellen, besonders bezeichnend s. 216 seines buches. — Uebrigens hat J. diese seine auffassung durchaus nicht konsequent durchgeführt; so ist ihm s. 278 und öfter gerade die innere wahrheit mittelhochdeutscher „pièces de circonstance" ein merkmal der nachdichtung nach französischen mustern.

Auch Burdach (Zfda. XXVII, 344) faßt den unterschied zwischen volks- und kunstpoesie, der im ganzen mehr technischer als wesenhafter natur ist, viel zu tief und betont die realität des volksliedes zu sehr. Nach seiner auffassung könnte man förmliche romane aus volksliedern konstruieren, wie es Scherer aus liedern der minnesinger wollte.

den so erscheint, dem höher gebildeten und seiner kunst auch theoretisch verständigen ohne weiteres anders erscheinen? Hervorragende kunstdichter wie Walther von der Vogelweide, Goethe, Mörike haben gedichte geschaffen, die unmittelbar wie volkslieder wirken. So kann ein seiner ausdrucksweise nach ritterliches lied unsere situation ganz entsprechend behandeln, und es läßt sich recht gut der fall denken, daß z. b. ein mittelhochdeutsches, sichtlich schon von romanischen, d. h. höfischen anschauungen berührtes gedicht zum romanischen tageliede doch ganz und gar keine beziehungen hat[1]). Dieser fall liegt tatsächlich vor im bekannten pseudodietmarschen liede *Sláfest du, friedel ziere* (Des minnesangs frühling 39 [18—29])[2]). Und ganz ähnliche fälle lassen sich ebenso gut in anderen litteraturen denken.

---

1) Hierzu vgl. bes. Paul in Paul-Braune's Beiträgen II, s. 466 anm.

2) Man hat sich alle mühe gegeben, auch dieses lied für ein nach romanischem muster gearbeitetes tagelied zu erklären. Vergeblich; denn es bleibt nun einmal natürlicher, *wan* als gegensatzpartikel, nicht = man zu nehmen (Paul, Beiträge II, 466 anm.), und wenn Kraus, Zeitschr. f. öst. Gymn. 1894, s. 424 es so darstellt, als ob Paul und nicht vielmehr Scherer der überlieferung gewalt antäte, so heißt das die sache auf den kopf stellen. Wenn aber *schiere* die von Paul angenommene bedeutung „nach kurzer zeit", die ich für ganz unbedenklich halte, doch nicht haben soll, so hindert nichts, *schiere* in seiner gewöhnlichen bedeutung und *wecket* futurisch zu fassen: das mädchen wacht schon und sieht das vöglein sich zum morgengesang anschicken. — Wenn Giske, Zfdph. XXI, 245 aus unserem liede „furcht vor gefahr" und damit ein höfisches, verbotenes liebesverhältnis herausliest, so haben wir schon oben gesehen, daß das nicht gerechtfertigt ist. Auch seine behauptung, die situation sei nicht im freien gedacht, steht auf schwachen füßen: hiermit geht er sogar über Scherer hinaus. — Was endlich den von Scherer (Deutsche Studien II, 52 ff. = Wiener Sitzungsberichte LXXVII, 486 ff.) ausgeführten vergleich mit der anonymen provenz. alba *En un vergier* und der Guirauts von Bornelh betrifft, so hat ihn de Gruyter s. 4. 5 mit vollem rechte zurückgewiesen: abgesehen von dem künstlich hineingetragenen wächter stützt er sich nur auf punkte, die nach dem oben ausgeführten volkstümliches gemeingut sind und keine litterarische verwantschaft begründen. — Das aber, was man im anschluß an Jeanroy s. 285 ff. für romanisch halten könnte — es ist höchstens die zeile *swaz du gebiutst, daz leiste ich* etc. — ist ziemlich bedeutungslos und steht vor allem in keiner direkten beziehung zum tageliede. Daß der ritterliche stand des helden gar nichts zur sache tut, hat Roethe, Afda. XVI, s. 78 betont. Uebrigens vgl. Paul a. a. o. über den unterschied zwischen dem einfluß höfischer ideen und der direkten nachahmung romanischer poesie.

Jeanroy dehnt übrigens seine beurteilung auf die ganze älteste schicht

Alle diese bisher behandelten fälle sind eines charakters und
können in den verschiedensten ländern ganz unabhängig von einander
erwachsen. Wer durch schematisierung einen genaueren einblick

der mhd. lyrik aus. Ich kann aber seine ausführungen im zweiten teile
seines buches durchaus nicht überzeugend finden. Daß die ältesten gedichte
aus 'Des minnesangs frühling' schlecht zu dem großen und ganzen der provenz.
und franz. minnedichtung passen, sieht J. wol ein; er behilft sich deshalb
mit einer hauptsächlich aus den 'refrains' und den 'chansons d'histoire' rekonstruierten älteren schicht französischer lyrik (s. 125; 177 ff.; 217 ff.). Da
findet er nun zunächst übereinstimmung in den behandelten situationen
(kap. I²; II; IV, s. 278—280), so zwar, daß die behandlung in den französischen stücken greifbarer, detaillierter sein soll (s. 216, 282), während in den
deutschen eine gewisse mysteriöse färbung herrsche (s. 283). Daraus schließt
er auf eine tradition bei den deutschen dichtern, d. h. auf einen franz. einfluß. Letztere forderung ist nichts weniger als zwingend; vor allem aber,
welche situationen in aller welt sollte denn eine originale deutsche lyrik,
die doch nach Jeanroys eigener forderung gelegenheitslyrik gewesen sein
müßte, sonst behandeln? Beide müssen doch zunächst aus der realität geschöpft haben. Ebensowenig hat die verschiedene behandlungsweise etwas
auffälliges. Auch dem deutschen volksliede eignet im gegensatz zum romanischen eine gewisse dunkelheit, meinetwegen schwerfälligkeit, und hierin
haben wir also gerade eine nationale verschiedenheit zu sehen.
Daß in der ältesten franz. lyrik nicht die frau, sondern das mädchen die
hauptrolle spielte, eben wie in der deutschen (s. 180 ff.), ist nicht mehr als
natürlich. Wenn im deutschen liede die verschiedenen von J. ausgeschälten
„grundsituationen" oft verschmolzen oder nur leise angedeutet erscheinen,
vieles aber sich gar nicht in bestimmte klassen einreihen läßt (s. 282), so beweist das nur, wie wenig wert solche schematisierung für die naive poesie
hat. Auch in der wirklichkeit erscheinen diese situationen oft eng miteinander
verbunden. Endlich soll die ganze deutsche auffassung der minne u. s. w.
schon standesmäßig ausgebildet, die poesie soll nicht mehr ein getreuer spiegel
des lebens sein (s. 227; 280): diese forderung möchte ich nicht einmal an
volkslieder im eigentlichsten sinne des wortes stellen, und als solche will
doch gewiß niemand die lieder der bairisch-österreichischen schule bezeichnen.
— Zweitens sollen höfische theorien schon tief in die ältesten mhd. liebeslieder eingedrungen sein (s. 285—289). Was J. dafür vorbringt, ist z. t. sehr
beachtenswert, z. t. recht vag; jedenfalls ist damit nichts für einen direkten
einfluß französischer poesie bewiesen (vgl. auch Paul a. a. o.!). — Endlich
untersucht J. sprache und stil der ältesten minnesinger (s. 289—294) und
spricht zunächst von der häufigen einleitung mit einer kurzen erwähnung der
jahreszeit: wenn er aber s. 390 diese eigentümlichkeit als dem französischen
volksliede angehörig bezeichnet, so wird man sie mit demselben rechte auch
für das deutsche volkslied in anspruch nehmen dürfen. Die bilder, phrasen u. s. w.,
die J. für das französische reklamiert, sind im allgemeinen ganz naheliegend
und nichtssagend: er verfällt in denselben fehler, den er s. 301 an RMMeyer

zu gewinnen glaubt, mag darin eine feste dichtungsgattung erblicken: meiner ansicht nach ist es richtiger, sie als aus dem vollen geschöpfte

rügt. Die wirklich überzeugenden der s. 292—294 gebrachten beispiele stehen auch nach ausweis der metrik sichtlich unter romanischem einflusse. Darauf hätte J. großes gewicht legen müssen, nicht sich mit dem hinweis auf Burdach, Afda. X, 26 begnügen sollen (s. 294; 295); Paul hat a. a. o. s. 467 mit recht geltend gemacht, daß gerade die ältesten nachahmer sonst am sklavischsten von ihren mustern abhängig sind. Der auf s. 303 mit RMMeyers eigener begründung gegen diesen vorgebrachte negative grund erledigt sich mit dem oben über den ganzen charakter dieser poesie gesagten; außerdem kann ich die betr. formeln so arg preziös nicht finden.

Eine art gegenprobe stellt J. s. 295 mit den rheinischen dichtern an: er findet bei ihnen dieselben themen, nur abstrakter und raffinierter behandelt. Darin liegt doch ein zugeständnis!

Besonderes gewicht legt J. auf die eigentümliche stellung des mannes gegenüber der frau: dasselbe, was bei den ältesten mhd. lyrikern so auffällig hervortritt, zeigt sich auch in den 'chansons d'histoire' (s. 220—221; 225; 296); daraus folgert er modeliebe (darüber s. o.!) und nachahmung auf seiten der deutschen dichter (226; 227). Erstere zugestanden, ist doch letztere noch lange nicht nötig. Uebrigens ist der unterschied denn doch beträchtlicher, als J. zugeben will. Ein so rauhes abweisen der sich darbietenden frau wie beim Kürenberger Mf. 9 29—36 kann er aus dem franz. nicht belegen, dort herrscht vielmehr, wie er selbst s. 221 ausführt, die gleichgiltigkeit, die sich den dargebotenen genuß nicht versagt und sich um das weitere nicht viel bekümmert. — J. macht aber auch den versuch, diese modeart zu erklären, und zwar aus den 'chansons de geste' (s. 227—229). Ganz schön, nur ist es hier leicht, den spieß umzukehren und eben darin einen germanischen charakterzug der chans. d. g. zu erblicken: auf diese weise erklärt sich sowol der parallelismus mit der deutschen ältesten lyrik, als auch der plötzliche umschwung in der französischen bezw. provenzalischen poesie durch ein zurücktreten des germanischen elements.

Sein endurteil giebt J. s. 294: „la plus ancienne lyrique allemande n'a rien de particulièrement original et national." Letzteres ist ein dehnbarer begriff; ich glaube aber im vorstehenden mit gezeigt zu haben, daß tatsächlich unterschiede vorhanden sind, und für eine seite der behandlung giebt dies ja auch Jeanroy selbst zu.

Uebrigens muß man konsequenterweise zu Jeanroys meinung gelangen, wenn man eine volkstümliche deutsche lyrik vor den minnesingern leugnet. Aber die autorität Wilmanns' darf man kaum zur stütze einer solchen ansicht heranziehen. W. will allerdings (Leben und Dichten Walthers s. 16; 17) von einer „weit verbreiteten Liebeslyrik" vor der mitte des 12. jahrh. nichts wissen; im folgenden aber spricht er dem, was er lyrik nennt, ein solches maß reflektierender selbstanalyse zu, wie es niemand für die lyrik dieser zeit postulieren wird. S. 17 räumt er ausdrücklich das bestehen einer unpersönlichen, d. h. doch allgemeinverständlichen lyrik ein. Mehr wollen wir auch gar nicht. Die lieder der ältesten minnesinger aber, wenn auch schon standes-

erzeugnisse unreflektierter poesie zu betrachten¹). Unbedingt ver-

mäßig entwickelt, stehen doch nicht so weit von der unpersönlichen art des volksliedes ab, daß es nötig wäre, für sie nach fremden vorlagen zu suchen. — Uebrigens ist die schematische scheidung zwischen lyrik und epik für das volkslied nur irreführend. (Gegen Wilmanns vgl. auch Burdach, Zfda. XXVII, 343 ff. u. RMMeyer, Zfda. XXIX 121 ff.; beide führen ganz besonders den nachweis, daß die epik nicht als historische vorstufe der lyrik anzusehen ist).

1) Ich verwerfe also den begriff „volkstümliches tagelied", aber doch von einem ganz anderen standpunkt aus, als es OSchultz tut. Wenn dieser gelehrte nämlich (ZfrPh. IX, 157) in einem volksliede grundsätzlich nur ein „von einem kunstmäßig gebildeten Dichter verfaßtes Lied" erblickt, „das später in das Volk, d. h. in die unteren Stände drang", so wird es schwer halten, diesen standpunkt zu rechtfertigen, ganz abgesehen von der mißverständlichen gleichsetzung von „volk" und „unteren ständen". Es ist auch methodisch nicht richtig, direkte beweise für das vorhandensein des volksgesanges vor der lyrischen kunstpoesie zu fordern, wie es Sch. ebenda X, s. 317 tut. Dies vorhandensein ist zunächst ein postulat der ganzen litterarischen entwicklung. Der boden muß bereitet sein, ehe eine hochstehende kunstform darin wurzel fassen kann. Wenn man aber alles durch gelehrte übertragung zu erklären versucht, gerät man in eine sackgasse: man konstruiert eine abstammungsreihe von gelehrten poesien, an deren ende ein großes fragezeichen steht; will man dies fortschaffen, so muß man sich doch bequemen, eine volkstümliche vorstufe anzuerkennen, wenn man nicht gar zu der mythologischen anschauung der inspiration seine zuflucht nehmen will. Ich wüßte auch nicht, was jener annahme im wege stünde: die primitiven äußeren erfordernisse bieten natur und sprache selbst dar (man denke nur an die natürliche regelmäßigkeit herabfallender tropfen oder der menschlichen schritte, an den deutlichen rhythmus, den so oft sich ungesucht einstellenden gleichklang in der gewöhnlichen rede), und irgendwelche geistige erregung giebt den anlaß. Dabei läßt es sich recht gut denken, daß die entwicklung von einer einzelnen persönlichkeit ausgeht, man muß aber daran festhalten, daß sie in jedem volke spontan erfolgen kann. — Was für die texte gilt, ist natürlich eben so wol von den weisen zu sagen. Wie will sich Sch. z. b. mit den russischen volksweisen abfinden, die auf einer höhe stehen, welche die kunstmusik in Rußland nie erreicht hat (s. Ambros, Geschichte der Musik II, s. 118, 119), aber auch wieder so eigenartig national sind, daß an eine einwanderung nicht wol gedacht werden kann?

Auch das hervorwachsen einer (durch irgendwelche äußeren einflüsse bestimmbaren) kunstpoesie aus dem nährboden des volksgesanges ist ganz leicht zu begreifen. Man hat sich ja die sache nicht so zu denken, daß der kunstdichter bestimmte volkslieder nachahmen müsse, vielmehr ist er, weil selbst ein glied seines volkes, durch vererbung, erziehung und verkehr auch der gemeinsamen anschauungen und der gemeinsam erworbenen kunst teilhaftig. Er unterscheidet sich vom eigentlichen volksdichter wesentlich nur

werflich ist es jedenfalls, aus zügen wie den bisher besprochenen
litterarische zusammenhänge folgern zu wollen.

durch höhere allgemeine bildung, geläuterten oder aber einseitiger entwickelten
geschmack und durch theoretische fertigkeit, d. h. durch bewußt auswählende
anwendung der überkommenen darstellungsmittel. So kann es nicht befremden,
im volksgesange denselben gedanken und bildern zu begegnen wie im kunstliede, oft in frappant ähnlicher weise, wobei denn erst genauere untersuchung
ergeben kann, ob im einzelnen falle ein kunstlied in breite volksschichten
gedrungen ist, oder ob gemeinsamer ursprung in volkstümlicher anschauung
und redeweise angenommen werden muß.` Letzteres scheint mir z. b. unumgänglich in fällen wie dem folgenden:

Onn wenn ich dich war schwenke,
su siech du mich nich ô,
do wa'n de lait gedenke,
de sayn anander grom

(Meinert, Alte teutsche Volkslieder in der Mundart des Kuhländchens nr. 112,
dazu Erk, Deutscher Liederhort, 2. Aufl. von Böhme II, nr. 815b, ferner
nr. 584 [a. c]), trotz der auffälligen ähnlichkeit mit Mf. 10 [1—8]. Wenn es weiter
in einem um 1730 aufgezeichneten gesellschaftsliede heißt:

Ach du zuckersüßer mund,
mache mich einmal gesund (Erk-Böhme II, nr. 753),

so werden wir daraus lieber auf volkstümlichen ursprung des bekannten liedchens Carmina Burana nr. 136 [a] schließen, als beide aus dem danebenstehenden lateinischen liede hervorgehen lassen. Ebenso vgl. noch den schluß
von Erk-Böhme II, 522 mit Walther v. d. Vogelweide ed. Lachmann[4] 40 [13—18],
ebenda nr. 527 [a], 683 *Die blätter von den bäumelein* etc. mit Walther 75 [19. 20].
In allen diesen fällen ist aber unmittelbare historische kontinuität das allerunwahrscheinlichste. Derartige fälle ließen sich ins unendliche mehren, und
sie sind für die beurteilung unserer mittelalterlichen kunstlyrik sehr wesentlich.
Für das romanische hat Jeanroy an verschiedenen stellen seines buches einschlägiges material beigebracht.

Nicht übersehen darf man endlich die wunderbare zähigkeit, mit der
das volkslied (dem man doch kein künstliches zurückgreifen zutrauen darf)
nicht nur uralte stoffe teils deutlich, teils in texten mancher kinderspiele fast
bis zur unkenntlichkeit entstellt, bewahrt hat, sondern sogar technische gepflogenheiten alter perioden treu festhält. In heutigen kinderspieltexten finden
wir metrische prinzipien Otfrieds und der ältesten mhd. lyriker wieder, die
für die kunstpoesie längst verschollen sind. Diese zähigkeit zeigt, daß wir
für die volkspoesie mit ganz anderen perioden zu rechnen haben als für die
kunstdichtung, und das können wir wol als einen positiven beweis für höheres
alter des volksliedes bezeichnen. Und wenn wir so vom mittelalter bis zur
neuzeit, trotz jahrhundertelangen schweigens, unter der oberfläche der litterarischen überlieferung unzweifelhaft eine ununterbrochene mündliche tradition
anzunehmen gezwungen sind — so werden wir darauf auch mit recht einen
analogieschluß für die vorlitterarische zeit gründen dürfen.

Nun finden wir aber z. b. im mittelhochdeutschen neben fällen wie dem oben erwähnten noch andere darstellungen derselben situation, die ein beträchtlich anderes gepräge tragen. Nicht nur, daß ihre ganze ausdrucksweise weit mehr in die anschauungen der romanischen ritterdichtung getaucht erscheint, nein, auch die situation ist mit gewissen, vollständig typischen zügen durchsetzt, die alles andere eher sind als der allgemeingiltigen wirklichkeit entsprechend. Darüber später. Gehen wir der sache weiter nach, so vermögen wir diese feste dichtungsart mit vielem anderen **ihrem ganzen wesentlichen inhalte nach** aus der provenzalischen troubadourpoesie herzuleiten. Ebenso verhält es sich mit dem afrz. gedichte, das den ausgangspunkt unserer erörterungen bildete. Und schon im prov. finden wir diese selbe dichtungsart mit denselben konventionellen zügen einer rein fiktiven situation vollständig ausgebildet und in großer beliebtheit vor.

Das ist der eigentliche springende punkt für die beurteilung. **Die beiden charakterisierten gruppen von gedichten müssen vollständig von einander getrennt werden.** Wenn aber einmal eine höfische alba einzelne züge zeigt, die wir oben als selbwachsen, als naturgemäß und volkstümlich gefunden haben, so hat das auf die grundsätzliche beurteilung nicht den geringsten einfluß.

Es ist also irreführend, wenn wir für jene naiven lieder sowol wie für die typisch ausgebildete ritteralba denselben ausdruck verwenden. Wir kommen dann folgerichtig dazu, den namen auch auf fälle auszudehnen (wie es de Gruyter so oft tut), in denen selbst die zu grunde liegende situation nur eine ganz blasse verwantschaft zeigt. Wir werden dadurch auch verführt, wie es bisher immer geschehen ist [1]), die postulierte entstehung der höfischen gattung aus volkslied + x in der (mhd., franz.) einzellitteratur nachweisen, die naht zwischen den angeblichen bestandteilen noch aufzeigen zu wollen. Das aber ist ein einfacher trugschluß. Die namen **alba (aube)** [2]), **tagelied** sind, ihrer ursprünglich rein höfischen geltung entsprechend, auf die gedichte der ritterlich-konventionellen gattung

---

1) Nur Roethe hat für das deutsche tagelied einen ansatz zu reinlicher scheidung gemacht, ohne doch von der inkonsequenz ganz loszukommen.

2) Ich wähle für das frz. tagelied mit Jeanroy u. G.Paris diese bezeichnung; der name 'aubade' bleibt besser für das morgenständchen.

mit ausschluß aller anderen einzuschränken; diese gattung muß als etwas mit haut und haaren in die einzelnen litteraturen (wo sie natürlich ihrerseits wieder der weiteren ausbildung fähig ist und sich auch der volkstümlichen behandlung derselben situation nähern kann; darin hat man aber eben so gut eine fortentwicklung zu sehen) eingewandertes betrachtet werden, und erst innerhalb der provenzalischen litteratur erhebt sich die weitere frage, ob sich hier die verbindung volkstümlicher, d. h. in diesem falle natürlicher, untypischer elemente mit den ritterlich-konventionellen vollzogen hat, oder ob auch hier schon eine einwanderung des fertigen stoffes, und woher diese etwa stattgefunden haben kann.

Erst so, nach vollständiger absonderung der nicht streng charakteristischen züge, können wir hoffen, eine einigermaßen klare und fruchtbare anschauung des grundtypus zu bekommen.

Es ist also nötig, durch eine kurze betrachtung der provz. alben die wesentlichen züge zu gewinnen, mit denen unsere dichtungsart nach Nordfrankreich eingeführt sein könnte. Römer in seiner dissertation „Die volkstümlichen Dichtungsarten der altprovenzalischen Lyrik", Marburg 1884, s. 4, 5 führt 16 alben auf. Damit hat er sicher recht vom standpunkt der altprov. poetik aus: alle diese gedichte tragen in der überlieferung die bezeichnung 'alba' oder könnten sie wenigstens tragen. Das kann aber für uns nicht maßgebend sein, so wenig etwa wie die von Römer ebenda nach Romania VI wiederabgedruckte definition der 'Doctrina de compondre dictats'. Das band, welches alle diese gedichte zusammenhält, ist rein äußerlicher, zufälliger art, ohne jeden genetischen zusammenhang mit der situation: das strophenweis wiederkehrende wort *alba* an signifikanter stelle [1]). Etwas näher führt uns schon der ebenda entwickelte begriff der 'gayta', aber anfangen können wir auch damit noch nichts. Doktrinäre tüfteleien sind überhaupt für unsere zwecke ganz gleichgiltig. Die litterarische einwirkung einer poetischen gattung geht von etwas lebendigem aus, das heißt von den tatsächlich als zusammengehörig empfundenen, in innerem zusammenhang erwachsenen poetischen ausführungen einer bestimmten und nach bestimmten gesichtspunkten aufgefaßten situation, und an nichts

---

[1]) Vgl. Bartsch, Vortr. u. Aufs. s. 252; Stengel, ZfrPh. IX, 412.

anderes denken wir jetzt, wenn wir einen litterarischen gattungsnamen von mehr als formaler bedeutung gebrauchen [1]).

Es gilt demnach, die in frage kommenden gedichte der reihe nach zu prüfen und dasjenige, was für unsere zwecke von wichtigkeit sein könnte, hervorzuheben. Ich verweise dabei ein für allemal auf die ganz oberflächlichen inhaltsangaben bei Römer, s. 5—9, 14 und die besseren, aber oft auch nicht den kern der sache treffenden bei Bartsch, s. 253—261.

In erster linie kommen von den bei Römer aufgeführten stücken nur 7 in betracht: nr. 2, 3, 6, 10, 13, 15, 16 (s. a. Jeanroy s. 64, note 3), außerdem mit einiger wahrscheinlichkeit nr. 14, möglichenfalls noch nr. 11.

I. *En un vergier sotz folha d'albespi*, anonym; Bartsch, Grundriß der prov. Litt. 461[113], Römer nr. 15; abgedr. Bartsch, Chrestom. prov.⁴ 101, 102; vgl. Jeanroy s. 79, 80, Hist. litt. XVIII, 543, 544, Scherer, Deutsche Studien II, 52 ff. (= Wiener Sitzungsberichte, Bd. LXXVII, s. 487, 488). — Die situation hat Scherer a. a. o. wol nicht ganz richtig gedeutet [2]). Die erste, epische strophe soll vorgreifen und einfach die situation angeben; str. 2—4 nimmt Sch. als nachträglich referierte rede, 4 enthält den moment des hornstoßes und damit des abschieds, 5 erfolgt erst nach dem scheiden des ritters. Wahrscheinlicher ist mir aber, daß wir in str. 2—5 doch ein unzerschnittenes ganzes haben. Die liebesnacht ist tatsächlich schon mit der ersten strophe vorbei (*tenc*): das horn des wächters erklingt (*crida* gegen *toque* str. 4), und also scheidet der ritter. Die zurückgebliebene freundin klagt zunächst (in str. 2) über die **kurze nacht**, das scheiden des liebsten und den tag. Dann aber versinkt sie, im lufthauch gleichsam von dem geiste des nunmehr entfernten angeweht [3]) (str. 5), in träumende erinnerung

---

1) Die benennung der gattung nach dem regelmäßigen wiederkehren des wortes *alba* ist eben so äußerlich, wie z. b. die des 'donaire' nach dem am anfang und am schluß stehenden worte *dona* (Diez, Poesie der Troubadours² 105). Daß sie ganz wertlos ist, sehen wir am besten daraus, daß das unzweifelhafte tagelied *Ab la gensor que sia* (unten nr. V) nach ihr keines ist.

2) Jeanroys übersetzung s. 80 ist im einzelnen nicht wörtlich genug, um seine auffassung recht erkennen zu lassen.

3) Vergleiche damit die str. Bernarts v. Ventadorn und anderes bei Böckel, Deutsche Volkslieder aus Oberhessen, s. LXXXVII f. und Diez,

und durchlebt im geiste noch einmal die scenen der liebeständelei (str. 3, 4), ohne dabei, wie der refrain zeigt, ihr alleinsein ganz und gar zu vergessen. Damit wird auch die interpretation dieser zwei strophen ungezwungener. Denn man wird kaum geneigt sein, wie es Scherer zu tun scheint, einen lokalen wechsel anzunehmen, so daß etwa *aval els pratz on chantols auzellos* = „d o r t unten auf den wiesen" (str. 3) und *ins el jardi on chanton li auzel* = „d r i n im garten" (str: 4) eine übersiedelung einleiteten; beide ausdrücke sind vielmehr, wie auch die erwähnung der vögel in beiden fällen beweist, synonym unter einander und mit *en un vergier* str. 1: „h i e r unten auf den wiesen" (im gegensatz zur burg), „h i e r im garten". So paßt das ganze aber psychologisch viel besser zu einer halbträumenden erinnerung, in der alles sich vermischt und verschwimmt, und auch der refrain ist auf diese weise nicht müßig. — Und nun, nach str. 4, keine lücke: die dame ist wieder völlig zum bewußtsein gekommen und reflektiert über ihren traum. Ich meine, daß bei dieser deutung das ganze zwar nicht an einfachheit, aber doch an klarheit und vor allem an schmelz und zartheit gewinnt.

Die letzte strophe steht neben den andern in unbegreiflicher plattheit. Ich kann sie nicht für echt halten; angefochten ist sie auch von Stengel, ZfrPh. IX, 410.

Unser gedicht gehört zu den köstlichsten perlen der troubadourpoesie. Es hält sich, abgesehen von der letzten strophe, von höfischer banalität so fern, daß man volkstümliche anklänge [1]) darin gefunden, ja ein wirkliches volkslied dahinter gewittert hat (s. Heyse s. 19, Bartsch s. 256). Was erstere betrifft, so sind sie nach dem oben ausgeführten nicht im mindesten auffällig; gegenüber der zweiten

---

Poesie*, s. 136; ferner Erk-Böhme II, 509, str. 3; 688, str. 4; 690, str. 2; 775, 776, 778 (= Böckel nr. 71), 781. Die anschauung ist freilich in diesen fällen etwas äußerlicher als in unserer alba. Aus der neueren litt. läßt sich etwa noch Mörikes 'Aus der Ferne' (Ged., 9. aufl., s. 222) herbeiziehen.

1) Zu den requisiten des volksliedes kann man auch den weißdorn rechnen, vgl. z. b. G.Paris, Chansons du XVe siècle (Société des anc. textes) nr. XLIV, L, CXVII, die freilich alle mehr oder weniger höfischen einfluß verraten. So auch Rom. u. Past. I, 15, 59, II, 4, 42, 57; Motets (p. p. Raynaud) I, nr. LI, CXCV; Wekerlin, Chants et chansons pop. du printemps et de l'été, s. 27, 29, 35; Rolland, Recueil de chansons populaires I, 217. Der weißdorn hatte sogar sakrale bedeutung, s. Romancero de Champagne v. Tarbé, II, 50; über seine rolle in der legende Bladé, Poésies populaires de la Gascogne I, s. 41.

annahme muß man daran festhalten, daß jedenfalls in der vorliegenden gestalt (und eine andere zu supponieren liegt kein grund vor) das lied ganz und gar aus ritterlichem geiste heraus geboren ist und auch ganz konventionelle züge aufweist. Der **wächter** ist mehrfach erwähnt, zwar nicht ausdrücklich als vertrauter, aber es spricht auch nichts dagegen. Der **gatte** erscheint als *gilos* (wodurch die erwähnung der merker überflüssig wird) und sogar in ausgeprägt höfischer weise als objekt des trotzes und hohnes (vgl. hierzu bes. die ausführungen Jeanroys über die 'chanson dramatique', 1. teil, kap. 4). Stengel hat also entschieden unrecht, wenn er a. a. o. kein höfisches liebesverhältnis anerkennen will. — Die situation ist offenbar im freien gedacht: das kann ein sehr altertümlicher zug sein, kann aber auch auf einer subjektiven laune des dichters beruhen; wir haben es um so mehr für unwesentlich zu halten, als wir oben mittelbar eine erwähnung der burg fanden, auf die ja auch der wächter deutet. Viel gewicht hat man auf den vogelgesang gelegt, man hat das pseudodietmarsche lied verglichen (s. o. s. 19), und Jeanroy zieht s. 68—71, 142, 143, 150 eine menge volkslieder und refrains herbei, in denen vögel als wecker oder doch als verkündiger des morgens erscheinen. Mit unrecht: die vögel sind hier nur ganz nebensächlich als natürliche staffage des gartens und gebüsches erwähnt (s. auch de Gruyter s. 5), ohne die geringste bedeutung für den morgenanbruch; im gegenteil, str. 3 und 4 beziehen sich ja auf die zeit vor dem wächterrufe!

II. *Quan lo rossinhols escria*, anonym; Bartsch, Grundr. 461 [203], Römer nr. 16; abgedruckt bei Heyse s. 45, darnach oben s. 11.

Sicherlich fragment; doch zeigt die erwähnung des wächters deutlich genug, daß wir es mit einer typischen alba zu tun haben. Ist der wächter als vertrauter gedacht? Sein ruf *drutz, al levar* spricht dafür (s. auch Levy, Litteraturblatt 1885 [196]); die annahme, *drutz* sei allgemein für einen „etwaigen liebhaber" gesagt, wie es im deutschen tageliede häufig der fall ist (s. bes. de Gruyter s. 24, 30, 31), mutet unserer alba eine künstlichkeit zu, von der sie sonst keine spur zeigt. — Die situation, in dem vorhandenen stücke übrigens nur hypothetisch bezeichnet, ist auch im freien gedacht; das liebesverhältnis aber wie auch die umgebung sind nach dem obigen sicherlich höfisch, und Stengel (s. 409) hat auch hier unrecht, von einer „ländlichen minne" zu sprechen. — Die erwähnung des nachtigallen-

sanges ist noch bedeutungsloser als die des vogelsanges in I, sie dient hier lediglich zur bezeichnung der jahreszeit *(la nueg el dia!)*.
— Dichter und held sind identisch.

III. Bertran v. Alamano 23, Römer nr. 2; abgedruckt bei Mahn, Werke der Troubadours III, 148.

5 strophen: 3 zeilen epische einführung, alles andere rede des ritters. Im refrain erwähnt er den eben vernommenen ruf des wächters: *qu' ieu aug que li (?) gaita cria: via sus, qu' ieu vei lo jorn venir apres l'alba*. Dabei ist *apres* doch wohl örtlich zu fassen: „hinter der alba her". Vor dem refrain stehen in der 1. strophe noch die charakteristischen worte: *doussa res* [1]), *ieu que farai, quel jorns ven e la nuech vai*.

Die 2. strophe enthält den wunsch: *doussa res, s'esser podia que jamais alba ni dia no fos, gran merces seria* ... Das erscheint also wie eine verallgemeinerung des wunsches der frau in I, str. 2: *plagues a Deu ja la noitz non falhis etc.* 3. strophe enthält eine klage über die kürze der nacht wie in I, str. 2: *ailas! can pauca noich fai!*

In der 4. strophe erscheint eine wendung, die uns noch ähnlich begegnen wird:

vostres soi on quex ieu sia.
Per Dieu no m'oblidetz mia,
quel cor del cors reman sai,
ni de vos mais nom partrai etc.

Aehnliches besonders auch im deutschen tagelied, s. de Gruyter s. 37; ebenso vgl. zu einer weiteren zeile *per qu'ieu tost retornarai* (str. 5) ebenda s. 39.

Gatte und merker fehlen. Die andeutung eines verbotenen liebesverhältnisses läßt sich nur zwischen den zeilen lesen, die ausdrucksweise ist aber völlig höfisch, wenn auch schlicht und nicht ohne gefühl. Der liebhaber wird als *fis amics* bezeichnet, wie bei Cadenet (unten nr. VII). Was den wächter betrifft, so hängt es von der übersetzung von *via sus* ab, ob er notwendig als vertrauter anzusehen ist („auf und hinweg" oder „vorwärts, auf"?). Mir scheint

---

1) Mit *doussa res* beginnt jede strophe außer der ersten, in der diese anrede natürlich erst in zeile 4 kommen kann.

ersteres vorzuziehen (so auch Stengel, s. 409); allerdings hat neuprov. *vio* die bedeutung "sofort" (s. Mistral, Tresor dou Felibrige), aber für apr. *via* ist nichts derartiges belegt.

IV. Guiraut v. Bornelh 64, Römer nr. 6; gedruckt Bartsch, Chrest.[4] 101—103, PMeyer, Recueil d'anciens textes I, 82; vgl. Jeanroy s. 80 f., Diez, Leben und Werke[2], s. 119, 120.

7 durchweg unepische strophen[1]), von denen 6 dem **die stelle des wächters vertretenden freunde** zugeteilt sind. Wie soll man das beurteilen? A priori genommen, kann es ebenso gut etwas älteres wie etwas sekundäres sein. Der übrige charakter des gedichtes muß den ausschlag geben: und der ist ganz konventionell. Bezeichnend scheint mir übrigens der anfang von str. 3 zu sein: *Bel companho*[2]), *en chantan vos apel* etc. Die situation ist also ganz und gar von der wirklichkeit losgelöst: der freund ver-

---

1) Stengel, s. 408, will die 7. strophe streichen, lediglich um einen monolog herzustellen; dagegen nach Bartsch, s. 254 und Levy a. a. o., s. 196 fehlt vielmehr eine 8. strophe. Der grund (wechsel der reime von zwei zu zwei strophen bis auf die letzte isolierte) läßt sich hören, ist aber nicht gerade zwingend; s. a. Jeanroy s. 65 n. Nun findet sich eine neue strophe in der von WMeyer in den Münchener Sitzungsberichten 1885, Phil.-hist. Klasse I, 113—116 mitgeteilten hs. Die hs. an sich ist nicht gerade unglaubwürdig; sie steht in I, 3, II, 4, III, 1 mit C gegen die übrigen hss., III, 2 mit B¹ B² gegen AC, V, 3 mit B¹ B² gegen übr., V, 4 mit B¹ gegen übr., II, 3 mit übr. gegen C, und hat in manchen dieser fälle sicherlich das alte und gute bewahrt. Unsere strophe aber (nach KHofmanns herstellung):

Bel dolz compan, ben auzi vostre cant,
molt me pesa, ke tu m trabalhas tant,
car tu me trais del fon del paradis
mon leit ai fah, combra me flor de lis,
[e ades sera l'alba]

klingt besonders in zeile 1, 2, 4 wenig glaublich, ganz abgesehen davon, daß der anfang den eindruck macht, als sei er durch eine andere strophe, etwa die zweite der in C (s. die fassung PMeyers) eingefügten strophen hervorgerufen. Endlich ist wenig wahrscheinlich, daß eine achte, mit der siebenten parallelstehende strophe wieder denselben refrain haben sollte wie die ersten.

(Uebrigens ist der ausdruck *combra me flor de lis* offenbar symbolisch gemeint und daher nicht als stütze für die oben s. 10 gebesserte stelle der altfranz. aube zu verwenden).

2) Mit *bel companho* beginnen alle strophen außer 1, die letzte, die als replik einsetzt, mit *bel dous companh*.

tritt den wächter mit seinem liede. Auch im mhd. tritt der
freund für den wächter wol erst sekundär auf, wenn auch vielleicht
ziemlich früh, vgl. de Gruyter s. 25; Carm. Bur. 144a u. dazu
de Gruyter s. 10, Roethe s. 90, Scherer a. a. o., s. 488, 489.
Den anfang des gedichtes bildet ein ganz im schweren hymnen-
stil gehaltenes gebet zu Gott, auf den damit auch etwas von der
funktion des wächters übertragen wird [1]). Dazu kommt als gebet
noch die 5. strophe. Gott erhält u. a. die beinamen *verais lums
e clartatz*, s. u. und Roethe s. 88. Wie diese eigenartige einleitung zu beurteilen ist, soll später erörtert werden.

Als zeichen des anbrechenden tages werden erwähnt: str. 2:
der morgenstern; durchgängig die alba; str. 3: das lied des
vogels *que vai queren lo jorn per lo boscatge*, der also zum morgenanbruch
in enge beziehung gesetzt ist; str. 4: *las ensenhas del cel* (nach
anderer lesart *estelas, ensenhas* ist aber gestützt durch die von
WMeyer aufgefundene Münchener hs.; *estelas* könnte auf den morgenstern und vielleicht auch auf die stellung der sternbilder gehen,
ensenhas könnte auch bedeuten, daß inzwischen die dämmerung
weiter vorgeschritten ist; Jeanroys übersetzung „le soleil a blanchi
votre fenêtre" ist aber gewiß unsachgemäß).

Furcht des freundes vor dem *gilos* str. 3, ebendarauf deutet
wol auch *vostres n'er lo dampnatge* str. 4, 4. Dagegen verachtet der
liebende den *fol gilos* (schlußstrophe): das ist die weiterentwicklung
des schon in der ersten alba angedeuteten.

Str. 6: *aras nous platz mos chans ni ma paria:* mißfallen und
tadel gegen den wächter wird uns noch begegnen (V).

Die in 2 hss. fehlende schlußstrophe ist dem liebhaber in den
mund gelegt. Der wunsch *qu'eu no volgra mais fos alba ni
jorn* ist uns ähnlich schon bei Bertran v. Alamano begegnet.
Dazu paßt nicht besonders der schon oben erwähnte schluß *per
qu'eu non prezi gaire lo fol gilos ni l'alba;* mindestens eins von beiden
muß also wol der überlieferung entnommen sein.

V. *Ab la gensor que sia,* anonym; Grundriß 461 [8], Römer nr. 13;
abgedruckt Heyse a. a. o., s. 44, 45.

---

1) Vgl. den ausdruck *al meu companh sias fizels aiuda* str. 1, 3, der an
die stelle aus der 'Doctrina de compondre dictats', Römer s. 4, erinnert: . . .
preyan totavia la gayta ab ta dona que t'ajut.

Dichter und held sind identisch wie in II. Nach Heyse s. 21 soll das gedicht wegen seiner refrainlosigkeit älter sein als I. Das ist kaum anzunehmen, es scheint vielmehr darin gerade eine abweichung von altem herkommen zu liegen; dabei kann man einen überrest des refrains noch in den beiden der 3. und 5. strophe gemeinsamen versen erblicken:

gran paor ay
e gran esmay....

Seiner ganzen ausdrucksweise nach kann das gedicht, wenn auch gleichfalls sehr einfach gehalten und wirklich empfunden, nicht älter sein. Vollends ungerechtfertigt ist es, wenn Stengel s. 410 deswegen (und wegen des oben angegebenen persönlichen charakters) das lied gar nicht zur alba rechnen mag, sondern nur als freie nachbildung der dichtungsart bezeichnet.

Vier strophen des ritters, der sich selbst episch einführt: er hat sich zur freundin geschlichen, und unter scherz und lachen ist er eingeschlummert bis zum morgen, da ihn ein kuß der geliebten weckt (ein zug, der bes. im deutschen tageliede häufig ist, vgl. z. b. de Gruyter s. 26, Roethe s. 91 zu Heinrich v. Morungen; Erk-Böhme II, nr. 798). Nun wird 2 strophen hindurch der **wächter verwünscht**, der bisher noch gar nicht genannt war. Daraus läßt sich aber durchaus nicht mit sicherheit schließen, daß er nicht als vertrauter gedacht sei! Ihm wird vorgeworfen, er **treibe den tag unnötig an**[1]). „Wenn ich dich hätte, mit meinen händen würde ich dich töten" etc. So sinnlich und ursprünglich die ausdrucksweise ist, wir müssen in diesem haß gegen den wächter doch etwas sekundäres sehen. Vgl. übrigens IV.

In der letzten strophe **ermahnt die frau** selbst ihren *Esteve* **zum scheiden**. Ebenso öfter im deutschen tageliede (de Gruyter s. 26). Sie tröstet ihn mit der versicherung: *qu'ieu remanh vostr' amia* (vgl. oben Bertran v. Alamano, str. 4, wozu wieder mhd. parallelstellen bei de Gruyter, s. 37) und begründet ihre eile mit der **furcht vor dem 'gilos'**. Hier ist also die auffassung des gatten eine andere als z. b. in I! Indes scheint doch eine andeutung ähnlicher entwicklung in dem am schluß gebrauchten ausdruck *vilania* zu liegen.

---

1) Vgl. fürs mhd. den Marner (de Gruyter s. 14, 15); anon., Bartsch s. 289.

Eigentümlich ist die stellung des wächters, der, obwol gar nicht episch eingeführt, doch sehr im vordergrund des interesses steht.

VI. Raimon de la Sala 2, Römer nr. 10; abgedruckt Bartsch, Prov. Lesebuch, s. 101.

3 strophen, überaus künstlich der form und abgeblaßt dem ausdrucke nach. Zunächst zwei wächterstrophen. Den anfang macht ein gebet, das auch in ein paar ausdrücken entfernt an Guiraut v. Bornelh anklingt: *Dieus aidatz, s'a vos platz, senher cars (e) dous e verais*...; es ist nicht ganz unmöglich, daß der dichter jene alba gekannt hat. Noch in der ersten strophe werden, eben wie bei Guiraut, die lieder der vögel erwähnt, die schon über die wiesen erklingen: das sagt freilich an und für sich nicht viel und kann höchstens im zusammenhang mit anderem für eine litterarische abhängigkeit geltend gemacht werden. — Der siebenzeilige refrain mit der noch nicht vorgekommenen erwähnung des meeres (*L'alb' el jorns clars et adorns ven, Dieus, aidatz! L'alba par el jorn vei clar de lonc la mar e l'alb' el jorns par*) erinnert einmal an II *qu'ieu vei l'alba el jorn clar*, dann aber besonders an den refrain der später zu besprechenden sogen. lat.-prov. alba. Deswegen wird er von Stengel, s. 409 und Jeanroy, s. 75, anm. 2 auf eine volkstümliche vorlage zurückgeführt. Nichts ist indessen unvolkstümlicher als diese breite und doch jeder plastik entbehrende schilderung.

2. str.: aufforderung an das liebespaar zum abschiednehmen (das breit ausgemalt wird): *Sus levatz, drutz c'amatz*..., vgl. oben II und III; zum schluß erwähnung des gatten, den der wächter schon fertig angekleidet und gerüstet gesehen hat.

3. str.: die frau will trotz der gefahr den liebsten noch nicht fortlassen und ermahnt den wächter zur ferneren wachsamkeit und zur verschwiegenheit. Vielleicht haben wir hierin ein anzeichen zu sehen, daß die stellung der frau gegenüber dem gatten ähnlich aufgefaßt ist wie in I; noch mehr erinnert es an den schluß von IV, nur daß die entsprechenden worte dort dem ritter in den mund gelegt sind.

VII. Cadenet 14, Römer nr. 3; abgedruckt Mahn, Werke III, s. 62 f. (strophe 5 gehört nach 1).

Ganz unepisch. Anstatt des refrains findet sich am schlusse jeder strophe nur das wort *alba*.

Noch mehr als im vorigen gedichte tritt hier der wächter in den vordergrund. Die frau erwähnt ihn in der ersten strophe als vertrauten und trost in ihren leiden. In str. 3—5 und in der tornada kommt er selbst zu worte in einer bisher noch nicht dagewesenen weise. Er ist eine *corteza gaita*, ein kenner des ritterlichen sittenkodex wie nur einer, und ein überzeugter beschützer der *leials amors*: ihr zu liebe findet er selbst gefallen an der kalten nacht zur winterszeit, wenn sie am längsten ist [1]). Die *fals' amors* aber würde er nicht zur rechten zeit wecken (weist zurück auf den schluß der 1. strophe, wo die frau rühmt, daß sie einen wächter hat, der sie zur zeit weckt): *falsa drudaria* soll von der *corteza gen* geschieden werden. In der tornada spricht er noch den gemeinplatz aus: *Anc no vi jauzen drut quel plagues alba. Per so no m'es gen. nim plai quan vey l'alba.* — Es liegt auf der hand, daß das nichts altertümliches und sachgemäßes ist.

Denselben theoretischen, reflektierenden charakter tragen die beiden strophen der frau (1 und 2). Das thema vom *gilos* erscheint hier noch weiter entwickelt: er wird geradezu als *vilan* (vgl. V), *mals maritz* eingeführt. Seines reichtums wegen ist die frau ihm gegeben worden; sie müßte sterben, wenn sie nicht einen *fin amic* (s. o. III) hätte, dem sie ihr leid klagen könnte, und einen treuen wächter, der sie zur rechten zeit weckte. Ihrem gatten wird es durch nichts gelingen, sie von ihrer liebe abzubringen; denn es wäre *desconoissens vilania*, vor der alba vom freunde zu scheiden.

Kurz, das ganze gedicht ist ein theoretisches gerede, so daß darüber nicht einmal die situation klar hervortritt. Selbst die beiden verse der dritten strophe:

e sel qui jay ab s'amia
prenda comjat francamen

brauchen nicht notwendig auf einen bestimmt vorliegenden fall bezogen zu sein, sondern können noch zum vorhergehenden gehören: ich pflege das zu tun, damit jemand . . . . Vgl. übrigens das zu II bemerkte. —

---

[1] Anknüpfung an eine vielgebrauchte wendung: vgl. Jeanroy, s. 145, n. 4; Fränkel, Shakespeare u. d. Tagelied, s. 45 anm.

Daß man also unmöglich mit Stengel (s. 408) gerade von dieser alba sagen kann, sie weise deutlich auf ein „volkstümliches wächterlied" zurück, liegt auf der hand.

VIII. Anonym, Römer nr. 14; abgedruckt bei Suchier, Provenzal. Denkmäler, s. 318:

Drutz qui vol dreitament amar
deu regnar ab cortesia
es deu de lausengier gardar
ab sen et ab maïstria,
que son joi saubutz non sia,
es deu enan lo jorn levar,
cum al venir ni a l'anar
nol vexon can ve ni vai [1]*.*
Que de fin amador s'eschai
ques leu enan l'alba.

Hier ist die reflektierende manier auf die spitze getrieben; das vorhandene besteht lediglich aus guten lehren an den liebhaber, ob vom dichter oder vom wächter aus, läßt sich nicht mit sicherheit erkennen. Die erwähnung der *lausengier* begegnet uns im tagelied zum ersten male; sie vertreten hier gewissermaßen den gatten. —

Unsere strophe hat jedenfalls nur eine (ziemlich ungeschickte) einleitung zu einer alba vorgestellt. Es ließe sich freilich auch annehmen, daß das vollständige stück wirklich rein theoretisch gewesen sei und nur das refrainwort von der alba entlehnt habe: dann gehörte es streng genommen nicht hierher. Immerhin ist ja eine enge beziehung auf die tageliedsituation zweifellos vorhanden.

IX. Serveri de Girona, Römer nr. 11. Das gedicht ist mir nicht zugänglich; die handschrift befindet sich nach Rev. des langues rom. 1876, II, 227 in Spanien in privatbesitz. — Der an-

---

[1] *ni can vai* bessert mit großer wahrscheinlichkeit Levy, Literaturblatt V (1884), 238.

fang (*Assi com cel canan erra la via*) macht gar nicht den eindruck einer alba; vielleicht ist die benennung rein äußerlich oder gar durch versehen zu erklären.

Nunmehr sollen die oben gefundenen einzelnen züge in einer kurzen vergleichenden übersicht zusammengestellt werden, und es soll dabei versucht werden, handhaben für die chronologie zu gewinnen.

1. Der **gatte** ist in allen stücken außer III (und den unvollständigen II und VIII) erwähnt, also gewiß ein wesentliches requisit, und allerdings ist ja die beziehung auf ihn bei der eigenart unserer situation ganz besonders naheliegend. Er erscheint als *gilos, fol gilos* und als gegenstand der verachtung in I, IV; eine *vilania* wird ihm zugetraut in V. Eine größere rolle spielt er in VI: die ausdrucksweise gegen ihn ist hier zwar nicht so kräftig, der trotz und die auflehnung sind aber doch sehr stark hervorgehoben. Am stärksten erscheint das motiv entwickelt in VII.

Wir können also hier ganz stufenmäßig die entwicklung des themas von der 'mal mariée' aus spontanem anfange verfolgen [1]). Jeanroy hat demnach nicht recht, wenn er s. 156 das thema den stücken abspricht „où le ton reste noble", zu denen die alba doch in erster linie gehört. Im gegenteil, gerade in der alba erscheint es uns natürlicher als sonst irgendwo. Vielleicht haben wir in der alba gar einen ausgangspunkt für die entwicklung dieses themas zu suchen; wenigstens scheint mir das besser, als es mit GParis, s. 12 f. (= Journ. d. Sav., 685 f.) lediglich als spiel aufzufassen und auf maitänze zurückzuführen. Daß das motiv von außen in die alba hineingetragen sei, ist bei der geringen selbständigen entwicklung, die es im prov. (im gegensatz zum franz.) gefunden hat, ganz unwahrscheinlich.

Daß das **liebesverhältnis** wol auch in den stücken, die den gatten nicht erwähnen, als höfisches, d. h. verbotenes aufzufassen ist, wurde schon oben im einzelnen ausgeführt. Wir haben es ge-

---

1) Sonstiges auftreten desselben themas im provenz.: Jeanroy s. 86 ff., 156, 157; dazu das anscheinend provenzalische stück Recueil de motets p. p. Raynaud I, nr. CXXV.

wiß als einen ureigenen zug der alba zu betrachten, daß den liebenden die erfüllung ihrer wünsche mit gefahr verbunden ist.

Die merker sind nur in VIII erwähnt, ganz der lehrhaften art des gedichtes entsprechend, denn sonst wollen diese schemen auch gar nicht recht zu einer so lebensvollen dichtungsart passen. Wo der gatte erscheint, ist ihre erwähnung übrigens an sich überflüssig.

2. Die scenerie ist im allgemeinen, als selbstverständlich, nicht weiter bezeichnet. Im freien gedacht ist sie in I und II; das tut aber dem höfischen charakter durchaus keinen eintrag, vielmehr fanden wir in I mittelbar eine andeutung der burg, und anders ließe sich ja auch der wächterruf gar nicht rechtfertigen. Eine prinzipielle bedeutung, wie etwa beim pseudodietmarschen liede, hat es also nicht, und ebensowenig läßt sich ein chronologischer schluß darauf gründen. — Für III, V, VI, VII (VIII entzieht sich wieder der beurteilung) liegt kein grund vor, an etwas anderes als das gemach der dame zu denken; eine genauere andeutung finden wir nirgends außer in IV (*eissetz al fenestrel*), und das entspricht ganz der unepischen art der prov. lieder.

3. **Die zeichen des anbrechenden tages.** Wie uns die situation einmal vorliegt, ist es das natürlichste, daß zunächst nur der wächter dieselben merkt; und diese stufe hat das prov. tagelied im allgemeinen festgehalten. Und zwar ist es mit der erwähnung der tageszeichen im großen und ganzen recht sparsam, besonders verglichen mit den schilderungslustigen deutschen dichtern (s. de Gruyter, s. 28, 29; Roethe, s. 82, 83). Wir finden hauptsächlich die alba[1]) erwähnt, so in I, II (*l'alba el jorn clar*), III (denn der ritter weiß es offenbar erst durch den ruf des wächters); in V, wo der wächter nicht selbst redend eingeführt wird, fehlt natürlich auch das tageszeichen. Wenn dagegen in VII eine bestimmte erwähnung der alba nicht zu finden ist, so liegt das an der ganzen unkonkreten art des gedichtes, es ist nicht ein altertümlicher, sondern im gegenteil ein greisenhafter zug.

Vögel als tagverkünder sind erwähnt in IV und VI, während ihr vorkommen in I und II mit dem tage nicht das mindeste zu tun hat.

---

1) Für die entscheidung der frage, ob *alba* im einzelnen falle morgengrauen oder morgenröte bedeutet, ergeben sich im provenz. gar keine anhaltspunkte. Aber in geistlichen liedern entspricht es deutlich dem lat. *aurora*.

Entschieden sekundär ist die ausgedehnte und doch nicht anschauliche schilderung in VI. Ebenso möchte ich die häufung der tageszeichen in IV beurteilen: im einzelnen ist zwar alles sachgemäß und naheliegend, aber daneben macht der ausdruck *ensenhas del cel* (nach der besser beglaubigten lesart) einen fast gelehrten eindruck. Eine persönliche, sehr wirksame weiterbildung haben wir auch darin zu erblicken, wenn in IV der freund den liebhaber auffordert, ans fenster zu treten und sich selbst zu überzeugen [1]). —

Eine mehr subjektive stellung zum tagesanbruch: klage über die kürze der nacht, die sich weiterhin zum wunsche zunächst für den einzelnen fall [2]), dann aber auch zu dem allgemeinen wunsche entwickelt *s'esser podia que jamais alba ni dia no fos*, finden wir I, str. 2 und refrain, III, 1, 2. 3, im munde des wächters VII, tornada. Auch in IV ist der wunsch vorhanden, daneben aber heißt es von ganz anderem standpunkt aus *non prezi gaire lo fol gilos ni l'alba*, was einigermaßen an VI erinnert; eins von beiden muß Guiraut wol der tradition verdanken. Wir dürfen annehmen, daß dieser einfache psychologische zug, der ja so naheliegend ist, von anfang an der alba eigentümlich gewesen ist [3]).

4. Der **wächter** ist, mit ausnahme wiederum der einen strophe VIII, überall vorhanden. Man ist daher nicht berechtigt, mit de Gruyter, s. 9 (dasselbe, ohne die spezielle begründung, wol nach Bartsch schon bei Levy a. a. o., s. 196) aus Heinrich von Morungens liede Mf. 143[22] einen wächterlosen provenzalischen typus zu erschließen. Morungen war kein fabrikmäßiger nachahmer, sondern ein sehr

---

1) In Deutschland ist dieser zug im späteren tageliede vielfach ausgebildet: beim Marner und in einem anonymen liede tritt die frau ans fenster, um sich zu überzeugen (s. de Gruyter, s. 26), bei Oswald von Wolkenstein fordert sie den geliebten auf, es zu tun (ebenda s. 44). Sehr häufig ist der hübsche zug in dem vom höfischen stark beeinflußten volkstümlichen tagelied des 16. jahrhunderts.

2) Im deutschen tageliede findet sich dieser wunsch auch, und zwar nur auf den einzelnen fall angewendet, s. de Gruyter, s. 35.

3) Eine weitere entwicklungsstufe, daß sich der wunsch zur verwünschung der alba, zum tageshasse steigert (fürs deutsche tagelied vgl. de Gruyter, s. 34, 35), findet sich in den psychologisch überhaupt nicht reich entwickelten prov. liedern nicht. Und doch ist der zug bei einem nur etwas originellen dichter so wenig auffällig, daß mir z. b. nicht nötig erscheint, für Wolfram mit Roethe, s. 92 nachahmung von Gace Brulé anzunehmen. Er ist entschieden naheliegender als die verwünschung des wächters (s. o. V).

origineller dichter, und gerade nach de Gruyters auffassung des liedes ist es ganz erklärlich, wenn er absichtlich auf den wächter verzichtete.

Der wächter ist das wesentlichste merkmal des tageliedes. Er drückt der situation von allem anfang an den stempel des rein fiktiven, von der wirklichkeit völlig losgelösten auf. Zunächst ist es an sich gefährlich, einen diener des gatten zum mitwisser eines so heiklen geheimnisses zu machen; deshalb sind die modifikationen Ulrichs und Steinmars (s. de Gruyter, s. 25) zwar prosaisch, aber wol begründet. Dann aber ist es völlig widersinnig, die sicherheit des paares von seinem weckrufe abhängig sein zu lassen. Ein ruf, der bestimmt ist, den burgbewohnern den morgen zu verkündigen, bringt dem eindringling ohne weiteres gefahr. Das haben der unbekannte provenz. dichter von VIII und der deutsche von Hohenburg besser erkannt als z. b. Bartsch, s. 256 und de Gruyter, s. 6, 7: dort wird als regel für den liebhaber aufgestellt, vor tagesanbruch, vor der alba sich zu erheben, was sich sonst im tagelied nicht findet und offenbar rechtmäßiges eigentum des nüchtern erwägenden verfassers ist, und dieser läßt den wächter u. a. ausrufen:

Got gebe dax ex im wol ergê,
dax er erwache und niemen mê

(Bartsch, Deutsche Liederdichter [8], s. 67 [25]). — Diese klippe soll vermieden werden, wenn der wächter ins einvernehmen gezogen, oder wenn mit weitergehender erwägung an seiner stelle der freund des liebhabers erscheint. Es ist aber andererseits erst recht unreal, wenn der dichter den ruf des wächters ausdrücklich an das liebende paar ergehen läßt: das heißt geradezu laut verkündigen, was man verschweigen will [1]) (s. a. Roethe, s. 89). Einleuchtender ist im grunde die warnung durch einen freund; aber wenn sie in der weise geschieht wie etwa bei Guiraut v. Bornelh, so kann sie eben so wenig anspruch auf glaubwürdigkeit machen.

Als vertrauter ist der wächter offenbar gedacht in VI und VII; in IV ist er, sicherlich aus ähnlichen erwägungen wie in den schon erwähnten deutschen liedern, durch den freund ersetzt. Mit

---

1) Das hat Giske nicht bedacht, wenn er s. 246 in einer bemerkung gegen de Gruyter diese entwicklungsstufe als die eigentlich vernünftige und natürliche hinstellt.

wahrscheinlichkeit fanden wir ihn in II, III, offen bleiben I, V. Ein sicheres beispiel des nicht ins vertrauen gezogenen wächters fehlt: es ist also gewagt, fürs' prov. tagelied die von Levy sp. 196 angenommene entwicklung (wächter lediglich als verkündiger des tages — wächter in beziehung zu den liebenden) aufzustellen, wenn sie auch psychologisch ganz einleuchtend ist.

Episch oder von seiten der liebenden einfach erwähnt wird der wächter mit seinem morgenrufe oder dem tone seiner schalmei in I, II, III. Das ist das einfachste und natürlichste[1]). Stärker tritt er hervor in V., wo er zwar nicht selbst redend eingeführt, aber zwei strophen hindurch vom ritter verwünscht wird[2]). Darin haben wir gewiß eine weiterentwicklung zu sehen, die sich etwa vergleichen läßt mit der oben erwähnten verwünschung des tages; etwas ähnliches fanden wir übrigens auch in IV. Noch stärker ist seine rolle entwickelt, und zwar in einer ganz unglaubhaften, greisenhaft anmutenden weise, in VI[3]), VII, vielleicht auch VIII. Ueber IV s. o.

Von einem liede des wächters ist nirgends die rede. Wenn aber in IV der wachende freund singend eingeführt wird, so können wir uns das nur mit der annahme erklären, daß auch jener zug im prov. tageliede vorhanden gewesen ist. In der tat konnte er sich ganz natürlich einstellen, wenn einmal die unreale gestalt des wächters aufgenommen war.

5. Formell ist das am meisten in die augen springende der refrain. Hier erscheint es geboten, auch die äußerlich angeschlossenen gedichte (s. u.) mit in betracht zu ziehen. Höchstens eine leise andeutung des refrains fanden wir in V: darauf wird nicht allzuviel gewicht gelegt werden dürfen. Das bloße schlußwort *alba* in VII, XIV, XVI, vielleicht auch VIII. Eine halbe refrainzeile mit *alba* am schlusse XV. Eine refrainzeile mit dem worte *alba* in der mitte in I, wol auch II; ebenso, nur das wort *alba* am schlusse und in der letzten strophe die ganze zeile modifiziert, in IV. Zwei- bis

---

1) Im deutschen tagelied findet sich diese phase ziemlich selten: s. de Gruyter, s. 15.

2) Im deutschen tagelied finden wir ähnliches bei Hohenburg (s. o.) und Botenlauben (de Gruyter s. 35).

3) Die von Römer s. 4 angeführte definition der 'gayta' aus der 'Doctrina de compondre dictats' paßt nur auf VI, allenfalls auf VII; es ist das eine stütze mehr für meine chronologie.

vierzeiliger refrain mit *alba* am schlusse III, X, XI, XVII. Vierzeiliger refrain mit *alba* in der dritten zeile XIII. Siebenzeiliger refrain mit *alba* in z. 1, 4, 7 in VI.

Es bereitet einige verlegenheit, hieraus chronologische schlüsse zu ziehen. Sehr gewagt ist es, wenn Stengel s. 411 die stellung des wortes *alba* im refrain als kriterium nimmt; es scheint doch, daß die willkür des dichters hier viel spielraum hatte. Immerhin wird man Römer (s. 14) recht geben können, wenn er meint, daß ursprünglich der refrain wie in I, IV selbständig außerhalb der strophe gestanden habe und erst später mit hineingezogen und eingereimt worden sei, und daß das bloße übrigbleiben des schlußwortes *alba* die letzte entwicklungsstufe darstelle.

Etwas ähnliches ist es, wenn in III, IV alle strophen mit *doussa res* bezw. *bel companho* beginnen (s. o.). Indes genügen diese beiden fälle nicht, um darin ein charakteristikum der alba erblicken zu können; Guiraut v. Bornelh könnte übrigens das beispiel von III vor augen gehabt haben [1]).

6. Ueber die metrik ist wenig zu sagen. Römer giebt s. 10—12 die schemata sämtlicher gedichte, und Stengel erschließt daraus s. 411 die einreimige dreizeile (mit refrain) als traditionelle strophenform. Diese zeigt sich allerdings in I und zwar in übereinstimmung mit der sog. lat.-prov. alba (s. im 3. teile); aber das mag an der altertümlichkeit des gedichtes selbst liegen. Nur schwer oder gar nicht fügen sich diesem schema von den wirklichen alben II, III, IV, V, VII, und es ist nicht richtig, daß sich diese auch inhaltlich am weitesten von der albengrundform entfernt hätten. Uebrigens kann ich mir nicht denken, daß etwa Raimon de la Sala bei seiner künstlichen schweifreimstrophe sich auch nur entfernt einer beziehung zur einreimigen dreizeilenstrophe bewußt gewesen sei.

7. Stilistisch habe ich oben manche einzelheiten angeführt, die zu sehr aus der situation selbst hervorgehen, als daß man ihnen irgendwelche prinzipielle bedeutung beizulegen hätte. Auch die parallelstellen aus dem mhd., die sehr billig zu haben sind, halte ich aus demselben grunde für belanglos. Wenn also z. b. beim abschied liebesbeteurungen, bitten um treues gedenken u. dgl.

---

1) Wenn Roethe s. 91 meint, daß Morungens oben erwähntes lied mit dem durchgehenden strophenanfange *ôwê* ... dadurch beeinflußt sei, so ist das doch etwas weit herbeigeholt.

ausgesprochen werden (s. o. III, V, de Gruyter s. 37), so wird man darin doch nichts überliefertes zu erblicken haben. Dagegen wird es jedenfalls auf historischer tradition beruhen, wenn die wesentlichste rolle im allgemeinen der frau zufällt: dieser zug ist aber an sich altertümlich (man denke an die 'chansons d'histoire') und eignet nicht spezifisch der alba.

Richten wir unser augenmerk auf den allgemeincharakter der einzelnen gedichte, so ist die verschiedenheit groß genug, um Raynouards summarisches urteil (Choix II, s. 235 f.) hinfällig erscheinen zu lassen. Sein urteil paßt recht gut auf I: hier vereinigt sich allerdings die traumhaft-zarte erfassung der situation, das starke hervortreten des landschaftlichen elements und eine empfindsame sprache mit der elegischen gleichmäßigkeit des verses zu einem ganzen von unsagbarem reiz, als dessen haupteigenschaft man wol „un mélange de sentiment gracieux et de mélancolie naïve" bezeichnen kann. Wie grundverschieden davon erscheinen aber III, das in seiner schlichten weise jenem doch noch am nächsten steht, und II, V mit ihren leichtgebauten strophen und ihrer graziösen, aber oberflächlichen ausdrucksweise! Mit psychologischen zügen sind diese lieder sehr sparsam, sie zeigen neben ihrem zahmen tone eine gewisse nüchternheit der empfindung, aus der sich die hohle künstelei von VI und die aufdringlich-lehrhafte manier von VII (und VIII) als natürliche fortsetzung ergeben. Am schlechtesten ist das epische element bedacht, überall fehlt es der situation an greifbarem leben. Die kunst plastischer schilderung, wie sie unter den deutschen Wolfram in so reichem maße ins tagelied eingeführt hat, fehlt den rein lyrisch angelegten provenzalen vollständig. Eine rühmliche ausnahme macht nur V, das außer einer kernhaften, ursprünglichen ausdrucksweise auch einen ansatz zu balladenmäßigsprunghafter darstellung hat.

IV erscheint als der gipfelpunkt der provenzalischen albenlitteratur. Seiner form und auch teilweise seinem inhalte nach archaistisch, ist es doch in vieler beziehung am weitesten entwickelt. Hauptsächlich hat es Guiraut verstanden, durch schweren ausdruck und ganz besonders durch anlehnung an die hymnenpoesie jenes düstere, schwüle kolorit zu erreichen, das wir auch bei Morungen und Wolfram so sehr bewundern. —

Ueber die äußere anlage des tageliedes vgl. Römer s. 9 (urspr. dialog), Stengel s. 409 (urspr. monolog), dazu Jeanroy s. 64 f.

Ich halte die frage, ob die alba ursprünglich monologisch oder dialogisch gewesen sei, wenigstens vom standpunkt der schon entwickelten provenzalischen gattung aus nicht für lösbar und außerdem für müßig. So gering darf man doch die bedeutung der persönlichkeit auch bei konventionell arbeitenden dichtern nicht anschlagen.

Von letzterem grundsatz aus habe ich es auch unterlassen, die absolute chronologie der gedichte zu suchen und damit eine streng fortschreitende entwicklungsgeschichte zu geben. Eine relative chronologie einzelner züge dagegen läßt sich aufstellen und ist auch oben versucht worden, aber leicht wird man altertümlicheres und jüngeres zu gleicher zeit neben einander finden. So viel scheint mir aus dem oben zusammengestellten mit sicherheit hervorzugehen, daß wir als das altertümlichste stück I zu betrachten haben; dann folgt III (und wol auch II); jünger erscheint V, die letzten, schon greisenhaften ausläufer sind VI und VII (und wol auch VIII), in denen wir unschwer die auffassung der 'Doctrina de compondre dictats' wiederfinden. IV zeigt am besten, wie übel der schematiker zumal bei einem dichter von ausgeprägter individualität daran ist: wir können es nicht einer einzelnen schicht zuweisen. Es ist in mancher beziehung am weitesten entwickelt und scheint doch archaisierend an älteres anzuknüpfen.

Damit ist die zahl der provenzalischen tagelieder in dem von uns angenommenen sinne erschöpft. Es erscheint aber nötig, auch die andern von Bartsch und Römer aufgeführten gedichte, die vom standpunkt der provenzalischen poetik aus den namen 'alba' verdienen und wenigstens äußerlich sicher vom eigentlichen tageliede beeinflußt sind, einer kurzen betrachtung zu unterziehen und den grad ihrer verwantschaft zu bestimmen.

Ich beginne mit zwei gedichten, die eine schlaflose, unter liebesgedanken verbrachte nacht und das sehnen nach der alba zum inhalt haben. Es sind monologe des liebhabers, ganz im stile des gewöhnlichen liebesliedes gehalten. Die situation steht also der eigentlichen alba fern; daß es sich aber nicht um eine selbwachsene dichtungsart handelt, sondern ein anschluß an die alba bewußt gesucht war, beweist der übliche refrain und die einleitung bei Uc de la Bacalaria (str. 1, 4: *vuelh far alb' ab son novelh*). Die situation bleibt aber, wie gesagt, von diesem einfluß ganz unberührt; bei Guiraut Riquier findet sich nicht einmal eine andeutung, daß der dichter mit seiner geliebten zusammen zu sein wünschte [1]).

X. Uc de la Bacalaria 3, Römer nr. 12; abdruck Raynouard, Choix III, 342, 343.

Ueber den eingang s. o. An die ausdrucksweise der alba erinnert noch, und vielleicht nicht ganz zufällig, str. 1, 5: *la nueg vai clara e serena*. Der refrain lautet:

Dieus! qual enueg
mi fai la nueg
per qu'ieu dexir l'alba.

Die erwähnung eines vogels, in dessen tönen das leid des liebenden sich mildert (*se refrena*), str. 1, 6—7 scheint von der alba ganz unabhängig zu sein. Ebenso ist es zu beurteilen, wenn str. 3 die *gent badoca* erwähnt wird, der es nicht gelingen soll, ihn von seiner geliebten zu scheiden.

Im übrigen findet sich nicht der leiseste anklang an die alba.

---

[1]) Lehrreich ist in dieser beziehung ein blick auf das von Fränkel, Shakespeare und das Tagelied, s. 19 ohne rücksicht auf unsere vorliegende abart herangezogene shakespeareische (richtiger pseudoshakespeareische, s. die rez. von Brandl, Afda. XX, s. 227—231) sonett The Passionate Pilgrim nr. 15. Es kann uns zeigen, wie die situation (die allerdings in dem sonett noch außerdem serenenartig gefärbt ist) ihren ausdruck etwa finden würde, wenn wirklich die des tageliedes vorschwebte. Man betrachte bes. die verse:

Were I with her, the night would post too soon;
but now are minutes added to the hours;
to spite me now, each minute seems a moon ...

und den schlußvers:

short, night, to-night, and length thyself to-morrow.

(Ausgabe von Delius II, 791). Vgl. übrigens auch das ebenso von Fränkel, s. 44, anm. 4 angeführte epigramm 82 des Meleagros.

Ueber etwas ähnliches bei Oswald v. Wolkenstein s. de Gruyter, s. 51. Aus der arabischen litteratur läßt sich eine von Schack, Poesie und Kunst der Araber in Spanien und Sizilien I, s. 118 übersetzte strophe anführen:

O nacht des trauernden verliebten, sage,
erscheint dein morgen erst am jüngsten tage?
Die freunde, die mit ihm geplaudert, schlafen,
und er ist ganz allein mit seiner klage.

Dasselbe thema in ausgeführterer behandlung ebenda, s. 120.

XI. Römer nr. 7. 'La primeira alba que fes Guiraut Riquier, l'an 1257', abgedruckt Mahn, Werke der Troub. IV, 95. Ueber den dichter und seine gelehrte, theoretische art s. Diez, Leben und Werke², 408 ff.

Der refrain lautet: *e dexir*
vexer l'alba (s. o. X!).

Hier ist vielleicht Uc de la Bacalaria bewußt nachgeahmt.

Allenfalls könnte man in der schlußstrophe eine umkehrung einer in der alba schon begegneten wendung finden: *a mon dan per semblan fa gran nueg* (vgl. oben I, V, VII). Doch läßt sich damit sehr wenig anfangen. Im übrigen ist auch hier gar keine beziehung zur alba vorhanden.

XII. Der vollständigkeit halber sei auch die sogenannte 'serena' kurz erwähnt, abgedruckt Bartsch, Chrest.⁴ 282, 283: 'Serena d'en Guiraut Riquier, l'an 1263'.

Jede strophe beginnt episch. Einem *fin aman* hat seine dame gehör geschenkt, ihm zeit und ort des stelldicheins angegeben. An dem bestimmten tage wanderte er nun gedankenvoll umher
e dixia sospiran:
jorns, ben creyssetz a mon dan,
el sers
aucim e sos loncx espers.

Man wird ohne weiteres erkennen, daß diese worte absichtlich an die oben besprochene uneigentliche alba desselben dichters anknüpfen. Auch in den beiderseitigen letzten strophen finden sich anklänge. Und so läßt sich ja auch der parallelismus in der situation bis ins einzelne durchführen. Mir scheint es darnach zweifellos, daß Guiraut bewußt ein gegenstück zu nr. XI hat schaffen wollen. Römer s. 14, 15 hat also unrecht gegen Bartsch, Grundr. s. 36, Vortr. u. Aufs. s. 262 und Stengel s. 410, 411, welcher letztere auch die richtige begründung hat.

Von der tageliedsituation sind wir also hier noch weiter entfernt[1]). —

---

1) Ueber ähnliches bei Hugo von Montfort und im deutschen volksliede s. de Gruyter, s. 42, 93.

Diese drei gedichte sind demnach für uns völlig gleichgiltig. Sie hätten sekundär mit berücksichtigt werden müssen, wenn vom tagelied aus wesentliche züge auf sie übergegangen wären. Das ist aber, abgesehen vom refrain, nicht der fall. —

Endlich sind in diesem zusammenhange noch die 'geistlichen wächterlieder' zu erwähnen, die ebenfalls äußerlich an die alba angeschlossen sind und die noch übrigen nummern in Römers aufzählung ausmachen. Bartsch a. a. o. hält sie für direkte nachdichtungen weltlicher alben, für geistliche parodien, wie sie ja oft genug vorkommen. Und das scheint die herrschende auffassung zu sein, s. z. b. noch Stimming in Gröbers Grundriß II, II, s. 26. Nur Scherer s. 491/492 und Roethe s. 86 ff. haben einspruch dagegen erhoben. Die frage nach dem ursprung des 'geistlichen wächterliedes' soll mit gestreift werden; im wesentlichen kommt es uns nur darauf an, ob wirklich ein direkter einfluß des tageliedes in der oben dargestellten erscheinungsform vorliegt.

Wenn zunächst in geistlichen gedichten gewisse höfische wendungen häufig vorkommen (als besonders bezeichnend sei hier nur der ausdruck *amar leyalmen* in bezug auf Gott erwähnt, s. u. XVI, str. 3), so beweist das nicht im mindesten, daß umdichtungen weltlicher lieder vorliegen: das höfisch-konventionelle wörterbuch beherrschte eben ganz unwillkürlich alle lebensverhältnisse. Wenn ferner der Marienkultus oft recht körperlichen charakter trägt, wenn z. b. in nr. XV der *gens cors* der jungfrau genannt wird, und es dann heißt:

Cors gracios, ples de totas beutatz,
pus que ses te non puesc trobar cofort...,

so wird das nicht weiter wunder nehmen, wenn man bedenkt, welche ekstatische form auf der andern seite die heiligenverehrung der nonnen annahm, und welche rolle das geschlechtliche element dabei oft genug spielte. Also auch daraus kann man nicht ohne weiteres eine erotische vorlage erschließen.

Andererseits ist es freilich unverkennbar, daß einzelne requisiten des tageliedes sich wiederfinden. Aber morgenstern[1],

---

[1] Morgenstern, sonne u. dgl. sind übrigens auch im weltlichen volksliede gebräuchliche liebesmetaphern ohne jegliche beziehung zum tagelied,

morgengrauen oder -röte, finsternis und licht als gegensätze, selbst der wächter (wenn man in den prov. liedern überhaupt von ihm reden kann) lassen sich recht gut aus der lateinischen hymnenpoesie erklären, wie besonders Roethe a. a. o. überzeugend nachgewiesen hat. Die formelle eigentümlichkeit dagegen, daß das wort *alba* gern im refrain gebraucht wird, muß man vielleicht dem einfluß des tageliedes zuschreiben (die frage soll noch einmal berührt werden), er ist aber dann ebenso äußerlich und belanglos wie bei den oben besprochenen gedichten X und XI: gehörte das wort einmal zu den requisiten der geistlichen dichtung, so lag es auch nahe, es in der anderwärts vertrauten weise zum schmucke zu verwenden. Für die theoretische provenzalische poetik wurde wieder diese äußerlichkeit maßgebend.

Sollen wir also wirklich eine 'geistliche alba' konstatieren, so müssen wir unbedingt eine wenn auch noch so versteckte oder verblaßte anspielung auf die grundsituation verlangen [1]) — oder wir verlieren den boden unter den füßen.

Es sollen nun die einzelnen in betracht kommenden gedichte daraufhin untersucht werden.

XIII. Folquet v. Marseille 26 [2]), Römer nr. 4; abdruck PMeyer, Recueil d'anciens textes I, s. 87, 88; vgl. Stengel s. 408, 409, dessen änderung des refrains von Jeanroy s. 82 mit recht zurückgewiesen wird.

---

s. die von Fränkel, s. 97—100 angeführten beispiele und Erk-Böhme II, nr. 390 (16. jahrh.):
Sie ist mein morgensterne,
gfällt mir im herzen wol;
ganz ähnlich auch ein neueres schwäbisches volkslied. Vgl. auch Carm. Bur. nr. 133[a] *uni faveo, uni 'viro' stellae;* 65[a] *non sunt formae virginum, sed forme divine, et respondent facie luci matutine;* 50[a] *Tunc 'respondit' inquiens stella matutina* in einem liede, das freilich deutlich an den ton der Marienlieder erinnert. Fürs franz. vgl. Bédier, De Nicolao Museto, s. 96.

1) Daß etwas derartiges sehr wol möglich ist, zeigt beispielsweise ein deutsches, von de Gruyter s. 133 oben besprochenes gedicht, in welchem der tagesschein symbol des todes ist, der den *werlte minner* bedroht: hier ist also die tageliedsituation ganz erkennbar festgehalten. Aehnlich auch in einem gedichte des Hans Sachs: s. de Gruyter, s. 135.

2) Das gedicht ist wol noch vor 1195 anzusetzen. Von der zerknirschung, die in dem bußlied des alternden dichters herrscht (Bartsch, Grundr. nr. 19; s. Diez, Leben und Werke², s. 206), ist darin noch keine rede.

Eine im predigerton gehaltene anrufung Gottes, Christi und der jungfrau: lob und bitte um erleuchtung, vergebung der sünden und schutz vor dem satan. Damit ist aber eine einleitung verknüpft, die mit dem tagelied einige ähnlichkeit zeigt:

> *Vers Dieus, el vostre nom e de sancta Maria*
> *m'esvelharai hueimai, pus l'estela del dia*
> *ven daus Jerusalem, que m'ensenha qu'ieu dia:*
> > *estatz sus e levatz,*
> > *senhor que Dieu amatz,*
> > *qu'el jorn es aprosmatz*
> > *e la nuech ten sa via,*
> > ....
> refr.: *La nuech vai el jorns ve*
> > *ab clar cel e sere,*
> > *e l'alba nos rete,*
> > *ans ren bel' e complia.*

Zum refrain vergl. zunächst III *quel jorn ven e la nuech vai;* auch die 2. zeile des refrains erinnert an ausdrücke der alba.

Bartsch hat s. 261 den versuch gemacht, durch eine kleine änderung (z. 5 *senher que ben amatz*) den anfang einer wirklichen alba herzustellen. Vergeblich: gerade sein versuch zeigt meines erachtens die unhaltbarkeit seiner annahme. Eine alba hätte, trotz des eingangsgebetes bei Guiraut v. Bornelh u. Raimon de la Sala, niemals so begonnen. *Senhor* ist dem ganzen zusammenhange nach plur., *que Dieu amatz* klingt ganz unverdächtig, trotz *drutz d'amatz* in VI. Wie paßt aber vollends in den mund eines wächters *m'esvelharai hueimai?* Vielmehr ist die situation so gedacht: der dichter wird beim scheine des morgensterns (das ist Christus, denn *daus Jerusalem* kann doch nicht lediglich die bedeutung „im osten" haben) wach, natürlich im geistlichen sinne, aus dem sündenschlaf, und wendet sich nun seinerseits an die andern ritter, aber nicht als wächter, sondern ganz biblisch als bußprediger. Der tag, den der morgenstern verkündet, ist das heil, und mir scheint, daß die ganze stelle, neben der deutlich erkennbaren kreuzzugstimmung, stark beeinflußt ist durch das auftreten Johannes des Täufers; besonders z. 6 erinnert bei dieser auffassung von *jorn* lebhaft an Matth. 3³ *poenitentiam agite, appropinquabit enim regnum caelorum.*

Ich erwähnte schon, daß mit dem tagesstern Christus gemeint ist. Wir haben darin eine alte kirchliche symbolik zu sehen, die nicht das mindeste mit dem tageliede zu tun hat. Sie findet ihren offiziellen ausdruck und zugleich ihre weiteste entwicklung in dem satze des Durandus *Joannes fuit lucifer ..., Maria fuit aurora, Nativitas Christi ortus solis* (s. Wetzer u. Welte, Kirchenlexicon VIII, 809). Es liegt auf der hand, daß diese geistreiche durchführung, die sich übrigens teilweise schon im deutschen Ezzoliede findet, sekundär ist. Zunächst war es Christus allein, dem solche epitheta zukamen: er ist das licht der welt, er vertreibt die finsternis. erweckt vom sündenschlaf[1]), und so natürlich auch seine propheten. Wir haben ein wertvolles analogon aus dem mittelalter in der von

---

1) Schon im alten testamente haben wir bezügliche stellen. Jes. 9² *Populus ... vidit lucem magnam, ... lux orta est eis;* konkreter Jes. 60 19 *Non erit tibi amplius sol ad lucendum per diem, nec splendor lunae illuminabit te: sed erit tibi Dominus in lucem sempiternam, et Deus tuus in gloriam tuam.* Im neuen t. ist es namentlich der gnostisch beeinflußte verfasser des Johannesevangeliums, welcher diesen vergleich durch sein ganzes werk hindurchführt, s. bes. 8 12 *Ego sum lux mundi ...:* 9 5 *Quamdiu sum in mundo, lux sum mundi:* 12 46 *Ego lux in mundum veni ...;* aber auch im Lukasevangelium bezeichnet der alte Simon Christus als *lumen ad revelationem gentium* (2 32). — Dabei wird ihm natürlich das heil, das er bringt, gleichgesetzt und ebenso als licht, tag bezeichnet, s. z. b. Jes. 49 6 *Ecce dedi te in lucem gentium, ut sis salus mea ...;* auch 42 6. Den natürlichen gegensatz zu diesem tage oder lichte bildet die nacht der sünde bezw. der sündenschlaf, und so ergiebt sich ganz naturgemäß die aufforderung, zu erwachen, sich zu erheben: Jes. 9² *Populus, qui ambulabat in tenebris, vidit lucem magnam: habitantibus in regione umbrae mortis, lux orta est eis:* Joh. 8 12 *... qui sequitur me, non ambulat in tenebris ...:* 12 35. 46; Jes. 60 1 *Surge, illuminare, Jerusalem, quia venit lumen tuum et gloria Domini super te orta est;* Röm. 13 11. 12 *(quia) hora est jam nos de somno surgere. Nunc enim propior est nostra salus, quam cum credidimus* (vgl. o. Matth. 3 ²). *Nox praecessit, dies autem appropinquavit* (vgl. Folquets lied!). *Abjiciamus ergo opera tenebrarum, et induamur arma lucis:* Eph. 5 14 *Surge qui dormis, et exsurge a mortuis, et illuminabit te Christus:* 1. Kor. 15 34 *Erigilate, justi, et nolite peccare.* Was Paulus unter *opera tenebrarum* versteht, zeigt Röm. 13 13.14 (vgl. auch Luk. 21 34): hier ist der vergleich von nacht und sünde am deutlichsten ausgeführt. — Uebrigens kommt die aufforderung zum wachen auch ohne beziehung auf diesen vergleich vor: Matth. 26 41 u. Mark. 14 38 *Vigilate et orate ut non intretis in tentationem.*

Auf Christi jünger ist der vergleich ausgedehnt z. b. Matth. 5 14 ff.

Schönbach, Zfda. XXXIV, 213—218 mitgeteilten, nach Deutschland gehörigen predigt: die *prelati et doctores* sollen, wie die wächter bei Jes. 62[6], *dormientibus in peccatis annunciare appropinquasse diem misericordie et gracie*. Aus lateinischen hymnen haben de Gruyter und Roethe einschlägiges material beigebracht, das sich leicht vermehren ließe; s. z. b. Carm. Bur. CCVI, str. 1; im mysterium findet sich die auch hierher gehörige scene von Gethsemane verwendet, Carm. Bur. s. 101.

Mit diesem tage des heiles verband sich aber unwillkürlich die vorstellung von einem andern tage, dem des jüngsten gerichtes (der 'dies irae, dies illa'), die in der bibel einen ganz ähnlichen bildlichen ausdruck gefunden hat. Der mensch soll wachen, damit *repentina dies illa* ihn vorbereitet treffe (Luk. 21[34]). Auch hier verschmilzt der tag mit Christus, der ja an ihm wiederkommen soll, zu einem bilde [1]). Und hieran schloß sich wieder sehr leicht die bekannte erzählung von den klugen und törichten jungfrauen [2]),

---

1) Mark. 13[32.33] *De die autem illo vel hora nemo scit, neque angeli in caelo, neque Filius, nisi Pater. Videte, vigilate, et orate: nescitis enim quando tempus sit.* Mit dem vergleich: Mark. 13[35—37] *Vigilate ergo (nescitis enim quando dominus domus veniat . . . ., ne, cum venerit repente, inveniat vos dormientes . . . . Vigilate.* Matth. 24[42] *Vigilate ergo, quia nescitis, qua hora Dominus vester venturus sit. Illud autem scitote, quoniam si sciret pater familias qua hora fur venturus esset, vigilaret utique, et non sineret perfodi domum suam. Ideo et vos estote parati: quia qua nescitis hora Filius hominis venturus est.* Ganz ähnlich auch Luk. 12[36—40], vgl. bes. v. 37: *Beati servi illi, quos cum venerit dominus, invenerit vigilantes.*

Vgl. hiermit Carm. Bur. nr. VII, str. 3, 4: *ergo vide, ne dormias, sed vigilans aperias Domino, cum pulsaverit. Beatus quem invenerit vigilantem. dum venerit* und du Méril, Poésies pop. lat. ant. au XIIe siècle, s. 135, 13[6]: *Apparebit repentina dies magna Domini, fur obscura velut nocte improvisos occupans.*

Wie leicht die beiden tage sich in der dichterischen phantasie mit einander vermengen konnten, zeigt z. b. Carm. Bur. nr. XXV, str. 1: *Tonat evangelica clara vox in mundo: „qui dormis in pulvere, surge de profundo, luce sua Dominus te illuminabit, et a malis omnibus animam salvabit".* Hier liegt sichtlich zu grunde Eph. 5[14] *Propter quod dicit: Surge qui dormis, et exsurge a mortuis, et illuminabit te Christus,* und diese stelle legt in der tat die gleichsetzung des erweckens der sünder mit dem der toten sehr nahe.

2) Hier ist die vermischung offenbar schon im biblischen texte vor-

Matth. 25. Auch die törichten jungfrauen haben im schlafe ihr licht, ihr heil verscherzt. — So bietet die bibel selbst reichen stoff, aus dem die geistliche dichtung eine situation konstruieren konnte, welche der des tageliedes in vielem nahestand.

Christus wird aber nicht allein als licht bezeichnet, sondern auch konkreter als sonne, so in der hymne des Ambrosius bei Wackernagel, Kirchenlied I, nr. 4 (s. o. die stelle Jes. 60 [19]), und als morgenstern, ebenda I, 1. Auch hierfür wird man die wurzel in der bibel zu suchen haben, und zwar läßt sich an den stern anknüpfen, der den drei königen die geburt Christi verkündigte, Matth. 2 [2]: *vidimus .. stellam ejus in Oriente* (darauf bezieht sich wol auch die hymne *Gaudium mundi, nova stella coeli,* s. Literaturblatt XV, 340). Der stern im osten wird naturgemäß als morgenstern aufgefaßt; so heißt es in einem katalanischen dreikönigslied (Milá y Fontanals, Romancerillo catalan, Barcelona 1882, s. 5): *l'estrella del dia, l'estrella 'ls guiava*. Er spielte auch im kultus seine rolle, s. z. b. du Cange VII, 592 unter 'Stellae festum', und so auch im mysterium, s. Wright, Early Mysteries etc., s. 24, 27; Carm. Bur. s. 86 ff. Gleichfalls läßt sich an den stern denken, von dem Bileam Num. 24 [17] prophezeit *orietur stella ex Jacob* etc., s. diese worte in dem 'Ludus de nativitate Domini', Carm. Bur. nr. CCII, sowie in einem katalanischen gedichte, Poëtes catalans von Milá y Fontanals, Montpellier u. Paris 1876, s. 50. — Die übertragung auf Christus selbst, der mit dem stern gleichzeitig erschien, konnte keine schwierigkeiten machen; s. z. b. Romancerillo catalan s. 60: *Una n'era, una, la que*

---

handen; man vgl. den schluß des gleichnisses, Matth. 25 [13] *Vigilate itaque, quia nescitis diem, neque horam,* mit den oben angeführten stellen. Uebrigens hat das mittelalter die betreffenden züge deutlicher herausgearbeitet, als sie im biblischen texte angedeutet sind, wie besonders ein blick auf den 'Sponsus' zeigt. Auf den schlaf ist viel mehr gewicht gelegt, die jungfrauen werden vorher vom chore davor gewarnt; ebenso wird die parallele zwischen ihrer lichtlosigkeit und der sünde ausdrücklich gezogen: . . . *vos ignosco, nam caretis lumine,* während im biblischen texte nur steht: *nescio vos.* Geweckt werden die jungfrauen nicht durch das geschrei des volkes, sondern durch Gabriel, einen abgesanten Gottes. So tritt die verwantschaft mit den oben behandelten vorstellungen viel mehr hervor. Sonst vergl. aus dem mittelalter noch Hilarii versus et ludi s. 9, Carm. Bur. nr. XX, 1 und VII, 3, 4; letzteres beispiel zeigt wieder deutlich, wie leicht sich die elemente mit einander verbanden: *et obviam si veneris sponso lampade vacua, es quasi virgo fatua. Ergo vide, ne dormias* u. s. w. s. o. anm. 1.

pari 'n Betlen, n'ha parit l'estrella el fill de Deu etern; ganz deutlich ist die gleichsetzung vorbereitet auch in einem portug. dreikönigsliede: (*Os tres Reis do Oriente*) ..... *guiados por uma estrella, que a todo o mundo dá lux, iam ver outra mais bella que era o menino Jesus* (Hardung, Romanceiro portuguez II, Leipzig 1877, s. 175). Nicht ganz so deutlich ein gaskognisches lied (Bladé, Poés. pop. de la Gasc. I, s. 82): *Coumo l'anjou biscouc Jèsus au Sent-Suèro, qui bouillo bese la bèro estelo la beira, dessus la punto dou jour, dessus la terro d'Orient.*

Als der kultus Marias und der heiligen zunahm, wurde naturgemäß diese symbolik auch auf sie übertragen. Die morgenröte ist dabei offenbar durch einen geistreichen vergleich mit zur verwendung gekommen: wie Maria die gebärerin des heilands ist, so bringt uns die morgenröte den tag. Das epitheton 'alba' wird also recht eigentlich der jungfrau zugehören. Aehnlich erklärt sich auch die übertragung des morgensterns auf Johannes den Täufer und ebenfalls gerade auf die mutter Gottes. Bei der jungfrau Maria mag übrigens noch etwas anderes beigetragen haben: man etymologisierte ihren namen als „leuchte, erleuchtung", auch als „stella maris" (darüber vgl. unten zu XVII), s. Wetzer u. Welte, Kirchenlexicon VIII, 817, Encyclopaedia Britannica XV, 589. Um so leichter begreiflich ist es, daß wir auch den namen 'stern' und speziell den morgenstern[1]) symbolisch für sie verwendet finden, s. z. b. Wackernagel, Kirchenlied I, 202 u. Ludus de nativitate Christi, Carm. Bur. s. 84 *natus est de virgine sol de stella; stella quae solem dedit* Migne, Patrol. CCXIX, s. 519; ähnlich wird bei Peire v. Corbiac die jungfrau angeredet *estela, del solelh maire* (Bartsch, Chrest. prov.[4], 212[30]); PMeyer, Daurel et Beton (S. d. a. t. f. 1880)

---

1) Die spezielle beziehung auf den morgenstern ist vielleicht auch von hier aus mit zu erklären. Wir können uns wol denken, daß ganz besonders den schiffer in finsterer, stürmischer nacht das tröstliche erscheinen des morgensternes an die hilfe der gnadenreichen jungfrau erinnerte, und daß also 'morgenstern' und 'meeresstern' leicht zu einem begriffe werden konnten. — Uebrigens scheint die (leider sehr schlecht überlieferte) 15. strophe des altprov. gedichtes über die namen der Gottesmutter (ed. PMeyer, Daurel et Beton, s. CIII ff.) eine art paraphrase des namens 'stella maris' in diesem sinne zu enthalten: dann kann des herausgebers besserung nicht das richtige treffen. Vgl. auch str. 67 der 'prière Theophilus' (ZfrPh. I, 247 ff.), wo mehr die allerdings verwante anschauung des leitsterns hervortritt.

führt s. CVIII eine liste der namen Marias auf, worunter auch *aurora* und *stella*, vgl. auch diese stichworte im register von Mignes Patrol., Bd. CCXIX, s. 504, 518, *sol* 518. — Beziehung auf Maria Magdalena findet sich in einem interessanten stücke bei du Méril a. a. o. s. 86, welches beweist, daß man die kirchlich überlieferte ausdrucksweise später auch durch klassisch-lateinische reminiszenzen bereicherte [1]). —

Ebensowenig veranlassung, ans tagelied anzuknüpfen, giebt uns str. 3:

. . . .
*que nom truep nim malme
ni m' engane de re
diables, nim surprenda.*

Niemand wird hierbei an die gefahren denken, die den liebenden drohen, vielmehr ist der ausgangspunkt die symbolische bedeutung der nacht (s. o.). Aus der hymnenlitteratur lassen sich manche stellen vergleichen, z. b.:

Procul recedant somnia   *Quo fraude quicquid daemonum*
et noctium phantasmata,   *in noctibus deliquimus,*
hostemque nostrum comprime,   *abstergat illud coelitus*
ne polluantur corpora (Wack. I, 9); *tuae potestas gloriae* (ebenda I, 6).

Ueber den refrain ist nach den allgemeinen ausführungen oben s. 47 nichts weiter zu bemerken. Er mag einfluß des tageliedes verraten: unserer auffassung tut das keinen abbruch.

XIV. Peire Espanhol 1, Römer nr. 9; abgedruckt von Stengel, ZfrPh. X, 160—162.

Etwas inhaltloser und blasser als das vorige, im übrigen ihm verwant. Es beginnt mit einer anrufung der ritterschaft:

*Ar levatz sus, francha corteza gens,
levatz, levatz! trop avetz demorat;
qu' apropchatz s'es lo jorns clars e luzenz,
Que lo nos a la dolz' alba amenat.
Recepchal doncx chascus letz e jauzenz
E meta fors de se tot oscurtat!
Pero veiatz quals es lo jorns ni l'alba.*

---

1) Das *sidus orientis* schwebt offenbar vor, wenn Hilarius (a. a. o. s. 13) eine gewisse Rosea als *sidus occidentis* bezeichnet.

Die verwantschaft mit XIII springt sofort in die augen. Ans tagelied erinnert zunächst der gedanke, daß die alba den tag hinter sich her zieht (s. III); aber auch aus der kirchlichen anschauung heraus läßt er sich sehr gut erklären. Dagegen klingt *trop avetz demorat* unmittelbar wie eine reminiszenz aus dem gleichnis von den jungfrauen: man denke vor allem an den immer wiederholten refrain im Sponsus! Auch hier liegt eher die vorstellung des bußpredigers als die des wächters zu grunde, und zwar teilweise mit wörtlichen anklängen an Folquet. Dieser eindruck wächst, wenn zeile 6 die echt biblische symbolisierung von *oscurtat* bringt, und die pedantische schlußzeile mit dem schlußwort *alba* zu der nun folgenden systematischen ausdeutung überleitet.

Der **tag ist Gott**, d. h. Christus, und die **morgenröte**, gleichsam die gebärerin des tages, ist natürlich die **jungfrau**. Das ist also völlig die durchgeführte kirchliche anschauung, wie wir sie bei Durandus fanden.

Str. 3 u. ff. bringen eine verherrlichung Marias in höfischen ausdrücken (*a tal dompna — servir de grat; ... esser di lieis sirvenz*), die schließlich gipfelt in der tornada:

Cesta dompna onron tuit humilat;
quar ella es de totz bes fonz et alba.

All dies steht aber wiederum ganz außer beziehung zur morgensituation, ja, nichts läßt auf eine erotische grundlage schließen.

Der gegensatz zwischen **licht** und **finsternis** kehrt noch öfter wieder, immer rein symbolisch: 3^7 *ni nols pren nuoitz, quan lor es pres est' alba;* 4^{1-4} *... que no demor en l'oscur del pechat. Espleital jorns ....., anz que la mortz li tuoilla la clartat;* 5^4 *e sia clars, si a oscur estat.* Nur einmal ist das bild sinnlicher, wo von der hölle die rede ist:

4^{5-7} *quar enferns est si oscurs e pudenz,*
que ja laenz li chaitiv mal fadat
non auran mais lum ni clartat ni alba.

Es ist interessant, daß wir hier der formel *lum e clartat* begegnen, wie im eingang von Guiraut v. Bornelhs alba.

XV. Guillem v. Autpol 1, Römer nr. 5; abgedruckt bei Mahn, Werke III, 298.

Fast durchgängig Mariengebet, nur die letzte strophe ist an die dreieinigkeit gerichtet; ermüdende anhäufung preisender metaphern und anrufungen durch 6 elfzeilige strophen und zwei geleitstrophen hindurch. Das 2. geleit spricht es deutlich aus, daß das lied bestimmt war, als gebet gesagt (oder wol richtiger gesungen) zu werden.

Die schlußzeile jeder strophe schließt wieder mit der formel *Iums e clardatz e alba,* die uns schon am schlusse von XIV begegnete, meist auf die mutter Gottes angewendet, nur ein paar mal im selben sinne wie in XIV, so in der letzten strophe, wo mit einer geringen änderung vom paradies gesagt wird: *lay on estan jorns e clardatz e alba.*

Auffällig ist die erste tornada:
Lo sons es tal, que tenh la folla gen;
leo si qui dorm mentre qu'a merce pren
Dieus peccadors, qu'el jorns ven apres l'alba.

Trotz des anklanges der letzten zeile an III (vgl. übrigens auch XIII!) ist doch die anschauung rein biblisch: zumal der ausdruck *folla gen* zeigt klar, daß wir es mit einer reminiszenz an die törichten jungfrauen zu tun haben, und das folgende erinnert ebenfalls an verschiedene bibelstellen, aber auch an die oben s. 50 nach Schönbach angeführte predigtstelle. Uebrigens sind einige spezielle anklänge an Folquet nicht zu verkennen: str. 2[8] erinnert im zusammenhang in gewisser weise an XIII, 2[2,3]; 6[2] *qu'ieu vos azor e us cre* vgl. XIII, 4[6] *car ieus ador eus cre.* Es ist immerhin möglich, daß der verfasser das Folquet'sche lied gekannt hat.

Andererseits zeigt str. 6, die gleichsam einen neuen anfang bringt, unverkennbare verwantschaft mit der alba Guirauts von Bornelh: *Poderos Dieus, verays e merceyans* etc., dazu noch die auch in XIV begegnete formel. Für beides wird man **gemeinsamen ursprung aus dem älteren hymnischen formelschatz** annehmen müssen, vgl. bes. Roethes nachweise s. 88.

XVI. Bernart v. Venzenac 2, Römer nr. 1: abgedruckt bei Mahn, Werke III, 288.

Wiederum ein einfaches gebet ohne jede beziehung zur wächtersituation. Die *alba* erscheint am schlusse jeder strophe als sinnbild der himmlischen freuden, nur in der 1. strophe sinnlicher: darin haben wir wol eine weiterentwicklung der kirchlichen symbolik zu sehen. Str. 2 heißt es wieder mit der uns schon geläufigen zusammenstellung von Christus, daß er *de si eys nos fe clardat et alba*. Schon erwähnt ist die eigentümlich höfische wendung, daß Gott str. 3 um das geschenk gebeten wird, ihn *leyalmen* zu lieben.

Str. 4 zeigt anklang an XIII, 2:

Folquet: *e fos en crotz levatz,*   Bernart: *et en le crotz fon levatz atretal*
d'espinas coronatz;   *e clavellatz e coronatz d'espia* [1]).

In der tornada wird ganz unvermittelt der morgenstern begrüßt: *Belh' estela d'Orien, Dieus vos sal.* Nach dem vorausgegangenen scheint es eine metapher für Christus zu sein, wofür ja auch der anklang an die biblische *stella in oriente* spricht.

Der schluß: *Tug preguem Dieu que nos don bon ostal*
    en paradis on es clars jorns et alba
erinnert an den schluß der letzten strophe von XV.

XVII. 'Alba de la maire Dieu, que fe Guiraut Riquier l'an 1266, Römer nr. 8; abgedruckt bei Mahn, Werke IV, 98.

Der anfang dieses Mariengebetes knüpft bewußt an das oben besprochene uneigentliche tagelied desselben verfassers (XI) an: Wer die lange nacht hindurch wacht, muß die alba ersehnen *que fai lo jorn parer.* Nun die allegorische anwendung: Und so verlange ich die alba des **wahren hellen tages** zu schauen, denn lange habe ich zu meinem schaden in der **dunkelheit** (der sünde) gewacht u. s. w. Diese alba ist natürlich die jungfrau, die zur *veraya clartat* (vgl. Guiraut v. Bornelh!) verhelfen kann:

    selha, q'a peccadors
    vius penedens es alba.

Man sieht, daß alles von biblischer bezw. kirchlicher anschauung durchdrungen ist. Von tageliedsituation ist nicht die mindeste spur vorhanden.

Einzelne epitheta Marias sind zu erwähnen: 3³ *lums de tota bontat* erinnert entfernt an sonst angeführtes; 3⁴ vergleich der jungfrau mit einem hafen wie in XV, 1⁷ ²); 3⁶ *estela del mar.*

---

1) Aehnliches aus der provenzalischen und altfranzösischen litteratur hat Cloetta in seiner abhandlung über den 'Sponsus' angeführt (Rom. XXII, s. 225).

2) Dieser vergleich findet sich übrigens auch in der weltlichen lyrik, vgl. z. b. Recueil de motets (p. p. Raynaud) II, p. 15. — Auf Maria bezogen im franz. Marienliede bei Wackernagel, Altfranz. Lieder u. Leiche, s. 70.

Ueber diesen merkwürdigen namen s. o. s. 52: er zeigt vor allem, wie alt und verbreitet die lichtsymbolik in ihrer anwendung auf Maria ist [1]).

Leider ist die letzte strophe infolge des ausschneidens einer anfangsvignette ganz trümmerhaft überliefert; doch genügt das vorhandene vollständig, um zu erkennen, daß jeder wirkliche zusammenhang mit dem tageliede fehlt. Und was für dieses lied gilt, glaube ich für die ganze gattung bewiesen zu haben: **daß nämlich das prov. "geistliche wächterlied" mit der alba innerlich nicht das mindeste zu schaffen hat, sondern ganz und gar auf biblischer bezw. kirchlich-traditioneller grundlage ruht.**

Kehren wir nun zu dem in der ersten abhandlung besprochenen altfranzösischen gedichte zurück, so finden wir die wesentlichsten züge des provenzalischen tageliedes darin wieder.

Formell ist zunächst der refrain zu erwähnen. Dieser ist allerdings in dem nordfranz. liede in ganz anderer weise behandelt, als wir es aus den provenzalischen gedichten gewöhnt sind. Er erscheint nämlich in vierfach modifizierter gestalt (man vergleiche immerhin IV!), und nur in der vorletzten strophe findet sich das wort *aube*, nicht gerade an signifikanter stelle. Inhaltlich finden wir wie im provenz. liede die freilich wenig beweiskräftige klage über die kürze der nacht und das erscheinen der alba (str. 6[5]), die sich hier schon etwas zum zorne steigert, ferner auch den

---

1) Das epitheton ist nicht nur in der latein., sondern auch in der vulgären poesie außerordentlich häufig. Carm. Bur. nr. CC; Hilarii versus et ludi s. 1; Mon. Germ., Auct. ant. IV, 1, s. 385 (angebl. Venantius Fortunatus); vgl. a. das reg. in Mignes Patrol. CCXIX, s. 519; *O Maria, mater pia, stella maris appellaris* Hist. litt. de la France XXIV, 433; *Veni, lux, stella marium* ebenda XXII, 118; *Mellis stilla, maris stella* als zweite stimme eines frz. dreistimmigen liedes, Motets I, nr. 22. Prov.: *estela marina* Bartsch, Chrest. prov.[4], 213 [25], *marina stela* ebenda 279 [10]. Franz.: *la bele estoile de mer* (in ein weltl. lied eingeschobene geistl. strophe) Mot. I, nr. 3; *vraie estoile de mer* ZfrPh. I, 247 ff., str. 66. — Ueber die allgemeinere benennung "licht, stern, sonne" siehe noch Mätzner, Altfranz. Lieder, s. 265; *par vox est enluminée toute creature* Motets I, nr. 110; vgl. ebenda nr. 145 und Wackernagel, Altfranz. Lieder u. Leiche, s. 70.

charakteristischen wunsch str. 7 wie etwa in I u. bes. in III, IV. Eine sehr geistreiche weiterentwicklung des oben angeführten und namentlich bei V bemerkten starken hervortretens der frau dürfen wir in unserem liede in der durchgeführten charakteristik der freundin gegenüber dem ritter erblicken. Zwar vermissen wir den gatten, seine erwähnung wird aber in sehr origineller weise durch die angst des ritters ersetzt, auch ist auf die merker hingewiesen. Der wächter erscheint als vertrauter; er wird zwar nicht selbst redend eingeführt, aber vom ritter zu anfang und zu ende angeredet und tritt dadurch stark in den vordergrund; sein weckruf ist zwischen den zeilen zu ergänzen. Das erinnert lebhaft an V. (Eine ermahnung zur wachsamkeit wie hier im eingang fanden wir oben in VI, freilich in ganz anderem zusammenhange). — Seinem gesamtcharakter nach ist das gedicht grundverschieden von den provenzalischen. Es trägt ausgesprochenen balladencharakter und nähert sich insofern der art des deutschen tageliedes seit Wolfram (vgl. Roethe, s. 95), nur daß es der ausgeführteren schilderung noch ebenso abhold ist wie das provenzalische. Dagegen teilt es wieder mit den deutschen tageliedern den reicheren psychologischen inhalt.

Die situation erscheint insofern erweitert, als nicht wie in den prov. alben sofort mit dem höhepunkt der handlung eingesetzt wird, sondern auch das kommen des ritters mit behandelt ist[1]). Haben wir darin ganz und gar eine neuerung des dichters zu sehen? Wir fanden es immerhin vorbereitet in der anonymen alba V, der unser gedicht in anlage, ton und behandlung des wächtermotivs verwant ist (s. o.), während freilich anderes sehr abweicht. Es ist schon möglich, daß der dichter diese und andere oben erwähnte züge einer verlorenen, unserer nr. V nahestehenden alba verdankt. Anderes aber, und zwar das meiste und beste, werden wir unbedenklich ihm selbst zum verdienst anrechnen. —

Nunmehr sollen die anderen fälle untersucht werden, welche etwa fürs vorkommen des tageliedes in der nordfranzösischen (und in der neueren südfranzösischen) litteratur von bedeutung sein könnten. Ich darf mich dabei ziemlich kurz fassen, da ich mich über die grundsätze, die dabei zu befolgen sind, oben ausführlich ausgesprochen habe.

Zunächst kommen drei altfranzösische chansons in betracht, die Jeanroy a. a. o. mit herangezogen hat.

---

1) Fürs deutsche tagelied vgl. de Gruyter, s. 19 ff.

Raynaud nr. 1481, Gace Brulé zugeschrieben; abgedruckt Bartsch, Chrest. ⁵, 281 f.; vgl. Bartsch, Vortr. u. Aufs., s. 262 f.; Stengel s. 410 f.; Jeanroy s. 78.

Klagender monolog der frau: schlicht in empfindung und ausdruck, einfach in der form, aber entschieden höfisch. Stengel konstatiert engen anschluß (der situation nach) an die „volkstümliche" provenzalische alba: damit kann wol nur I gemeint sein, mit der unser gedicht meines erachtens gar keine verwantschaft hat. — Daß die situation des tageliedes wirklich vorhanden ist, ergiebt sich nur aus dem anfang von str. 4: *Biaus dous amis, vos en ireis*. Manche einzelheiten, die wir in der provz. alba fanden, kehren auch hier wieder. Das stück ist mit einem refrain versehen, in dem sich aber das wort *aube* nicht findet:

> *or ne hais rien tant com le jour,*
> *amis, ke me depart de vos;*

aube kommt nur in der ersten zeile vor. Die merker werden in str. 2 erwähnt; trotz gegen die *mavais maris jalos* findet seinen ausdruck im geleit¹). Eine stelle aus str. 2: *se m'en plaing a fins amoros* erinnert an VII, str. 1: *s'ieu fin amic non avia, cui disses mo marrimen*, aber unser gedicht ist altertümlicher, die ähnlichkeit wird zufällig sein. In str. 3 findet sich die bitte: *por Deu vos pri, ne m'oblieis*, vgl. III, str. 4: *per Dieu no m'oblidetz mia*. Alles dies braucht nicht notwendig aus dem tagelied zu stammen. Der „tageshaß" endlich im eingang und im refrain kann sich ganz gut spontan aus der situation selbst entwickelt haben: er ist durchaus nichts unnatürliches, sondern ganz folgerichtig, wie Roethe s. 92 selbst zugiebt. Uebrigens berechtigt ja auch kein einziges provenzalisches tagelied zu der annahme einer entlehnung. **Der wächter fehlt ganz und gar.** Das ist nun freilich an und für sich bei einem originellen dichter noch nicht ausschlaggebend (s. o. zu Heinrich von Morungen!); aber hier läßt sich beim besten willen kein grund ersehen, der den dichter bewogen haben sollte, auf die figur des wächters zu verzichten. Im ganzen steht das gedicht in anlage und ton sehr weit von der alba ab, wenigstens von den vertretern der alba, die der zeit nach in betracht kommen könnten.

---

1) Es ist übrigens beachtenswert und spricht nicht für benutzung einer provenz. vorlage, daß sich im provz. tagelied die *tornada* nur einmal findet VII), in einem offenbar sehr wenig altertümlichen beispiele.

Alles in allem genommen, ist mir ein zusammenhang mit dem provenz. tageliede mehr als zweifelhaft, und es scheint mir besser, trotz der gleichheit der situation, von unserem gedicht abzusehen, wenn man von der festen gattung des tageliedes spricht.

Raynaud nr. 1029, anonym; abgedruckt Bartsch, Romanzen u. Pastourellen I, 31; vgl. Jeanroy, s. 77, 78.

Raynaud bezeichnet das gedicht, jedenfalls richtiger, als pastourelle mit refrain. Die situation ist im freien gedacht und zwar nicht in ritterlicher umgebung (*en un bois k'est les Betune*). In der 2. strophe erscheint der schon öfter vorgekommene, so naheliegende wunsch:

> *adonc vosessiens nous la*
> *ke celle nuis durast sant,*

das einzige, was ans provenzalische tagelied entfernt erinnert. Die lerche erscheint als verkünderin des tages:

> *tant k'il ajorna*
> *et ke l'aloue chanta.*

Der refrain ist wichtig:

> *Il n'est mie jors,*
> *saverouze au cors gent,*
> *ni m'ait amors,*
> *l'alouette nos mant.*

Hierzu franz. u. ital. parallelen bei Jeanroy, s. 68—70, 150; dazu auch de Gruyter, s. 146 und aus anderen litteraturen s. 143; noch ist ein stück zu erwähnen, Rolland, Recueil de chansons populaires II, 90, das vielleicht parodischen charakter trägt (hier, wie Rolland IV, 44b ist es der hahn, der an stelle der lerche erscheint). Dieser zug ist, obwol in gewissem grade schon formelhaft geworden, doch als echt volkstümlich zu betrachten: insbesondere wäre es gesucht, auf V und den darin enthaltenen vorwurf gegen den wächter hinzuweisen, um den refrain mit dem tagelied in verbindung zu setzen. — Ueberhaupt ist das gedicht ganz unhöfisch, der eine ausdruck *saverouze au cors gent* besagt nicht viel. Von einem einfluß der provenzalischen poesie kann im ganzen keine rede sein.

Raynaud nr. 1995, der herzogin von Lothringen zugeschrieben in C (nach Schwan, B[2] nach Raynaud), dem Moniot d'Arras in H(M), dem Chapelain de Laon in T (Pb[11]); abgedruckt Mätzner, Altfran-

zösische Lieder, nr. 41, Bartsch, Rom. u. Past. I, 38, Chrest.⁵, 303;
vgl. Jeanroy, s. 78, Tobler, Vom franz. Versbau³, 16.

Eine art romanze mit pastourellenartiger einleitung. Die frau
ist von dem eifersüchtigen gatten in einen turm eingesperrt und
unterhält sich von dort aus mit ihrem liebhaber. Das erinnert
einigermaßen an Aucassin und Nicolete kap. 12—16, sowie an Floire
und Blancheflor, aber auch der lyrik war diese situation nicht fremd,
s. Mätzner, s. 277. Das ganze trägt durchaus höfischen charakter.
Die zugehörigkeit zur alba konstruiert Jeanroy lediglich aus dem
anfang der letzten strophe:

Biaus amis, vos en ires,
car je voi le jor etc.

Dieser ganz nebensächliche zug also soll entscheiden, während doch
nicht einmal die situation das geringste vom tagelied hat.

Unser gedicht ist vielmehr beeinflußt von seiten der pastourelle
und des in Nordfrankreich zur besonderen dichtungsgattung entwickelten motives der „mal mariée". —

Vermochten wir also Jeanroy in der zurechnung dieser gedichte
zur alba nicht recht zu geben, so ist es doch zweifellos, daß in der
ritterlichen gesellschaft des 13. jahrh. auch in Nordfrankreich die
gattung bekannt und gepflegt war, daß wir also in jener altfrz.
aube nicht ein unikum zu erblicken haben. Das beweist eine dem
Moniot von Paris zugeschriebene pastourelle mit refrains (Raynaud
nr. 987, abgedr. Rom. u. Past. III, 45; s. a. Jeanroy, s. 77, 109).
Der erste refrain dieser pastourelle, den die hirtin singt, ist unzweifelhaft einer echten aube entnommen:

Deus, tant mal mi fait la guaite
ki dist: sus, or sus, or sus!
ainz que jors soit venuz [li jors n'est pais venus].

Hier haben wir die charakteristische erwähnung des (doch wol ins
vertrauen gezogenen) wächters, dem wie in V der vorwurf gemacht
wird, daß er den tag zu bald melde. Und wir müssen annehmen,
daß dieser refrain den höfischen zuhörern das ganze gedicht oder
doch die dichtungsart im allgemeinen ins gedächtnis zu rufen bestimmt war [1]).

---

[1]) Ist uns in diesem refrain unzweifelhaft ein bruchstück eines tageliedes
erhalten, so scheint geradezu ein vers des in der ersten abhandlung besprochenen uns entgegenzutreten in einem motet (Raynauds Recueil II, s. 93): *c'est la*

Weiterhin hat Jeanroy noch ein paar refrains aufgeführt, die für sich allein zwar nichts besagen, aber nach dem inhalt der motets, mit denen sie verbunden sind, wirklich zu tageliedern zu gehören scheinen. Motets II, s. 4:

>*Est-il-jors? — Nenil ancores,*
>   *vos lou hasteis trop:*
>   *bien m'avroit navreit a mort*
>   *ke (ki?) si tost l'amoinroit ores.*
>   *Je ne m'an vuel mie aleir,*
>   *car m'amiete m'acolle.*
>   *Faixons mesdixans crever,*
>   *et gixons .I. poc ancores:*
> *Deus! keil pairleir d'amours fait ores!*

Zeile 2—4 beziehen sich auf eine ungenannte person, unter der wir recht wol den wächter vermuten können. Ebenda s. 4/5:

> *L'abe c'apeirt au jor,*
>   *ki la nuit depairt,*
>   *mi fait soffrir grant dollor*
>   . . . .
> 6. *Pleüst ore a saint Jaike*
>   *ke nuns ne vos puist veoir ne reprandre*
>   *et la nuit durast trante,*
>   *s'avroit chascuns son desir!*
>   *Ne puet estre ke partir*
>   *vos coviene, amins, de moi;*
>   *et sachiés en bone foi,*
>   *ke malx nos fait, Dex li dont pix,*
> *ki moi et vous depairt, dous amins!*

Auch hier könnte sich der schluß auf den wächter beziehen. Aber auch wenn die letzte refrainzeile unmittelbar mit der ersten zu verbinden wäre, müßten wir doch wegen der ganzen ausdrucksweise,

---

jus, la jus desouz la coudroie. Aber an anderen stellen erscheint derselbe vers in ähnlicher umgebung, aber in etwas anderer form: *c'est tout la jus c'om dist souz l'olire* ebenda 101, s. a. 131, 133; *c'est tot la gieus en mi les prez* 131, 135, und alles weist darauf hin, daß er einem beliebten, später vielfältig zersungenen und mit anderen elementen verbundenen tanzlied entnommen ist. Also wird die gleichheit mit der zeile des tageliedes zufällig sein.

besonders wegen der starken personifizierung der 'aube', auf ein ritterliches gedicht, und zwar wol auf ein tagelied schließen ¹).

Anders steht es mit den übrigen von Jeanroy angeführten refrains. Die einen lassen ein sicheres urteil nicht zu, so s. 77:

*Hé! oiseillon du bois, léens,
pour Dieu resveille-moi souvent* ²),

andere gehören sichtlich der volkstümlichen schicht an, so der inedierte refr. s. 109 aus hs. 1307 der Bibl. nat., der fast wörtlich dem oben angeführten refrain von Raynaud nr. 1029 entspricht.

Lerche und hahn, gegen die wie oben s. 60 der bekannte vorwurf erhoben wird:

*Belle alouette, belle alouette,
tu as menti!
Tu as chanté la pointe du jour,
il n'est que minuit* ... u. ä.,

finden sich in einem verbreiteten franz. volksliede: Romania VII, 56, Revue des deux mondes 1876, november, s. 328, Rolland IV, 43 f., de Gruyter s. 146; dazu italienisch Jeanroy s. 70, 150. Hier erinnert gar nichts an das ritterliche tagelied, vielmehr gehört das lied ganz und gar der oben s. 16 f. charakterisierten volkstümlichen schicht an; und es macht dabei gar nichts aus, daß der gegen lerche und hahn erhobene vorwurf schon formelhaft entwickelt ist. — Hierher, nicht zum höfischen tagelied, gehört auch nr. 30 der von GParis herausgegebenen „Chansons du XVe siècle" (ein stück bei GParis, Les origines etc., s. 36). Auf den einen vagen anklang an III (*mon ami, la nuit s'en va et le jour vient*) darf kein gewicht gelegt werden.

Keinesfalls darf man einzelne verwant klingende stellen als beweisend heranziehen in gedichten, bei denen die situation von grund aus anders ist ³). Ein interessantes beispiel hierfür bietet Rolland II,

---

1) Dagegen wage ich nicht für die alba in anspruch zu nehmen den refrain aus Motets II, s. 106 (Jeanroy s. 109):
*Li jors m'a trové,
hé! es jolis brax m'amie.*
Hier steht auch im ganzen motet kein wort vom scheiden.
2) Jubinal, Nouveau recueil II, 240, einer strophe eines liebesgrusses angehängt; auf tageliedsituation weist dabei nichts.
3) So namentlich bei einem zufälligen vorkommen des wortes *aube* u. s. w., s. z. b. Bladé, Poés. pop. de la Gasc. III, 302 f.; 308 f.; II, 96 f. (letzteres

s. 90, 91 : das mädchen ist mit einem *marchand de velours* verheiratet worden, der in der hochzeitnacht nur die geschichte seiner früheren liebschaften zu erzählen weiß. Dann heißt es:

Quan le conte feugié fénido
l'alovetta chantave le jour.
— *Ah! leva vous, Jeanno, ma mie,*
Billia vous donc, car zei grand jour,

in der anderen fassung (ebenda):

A peine était-il l'aurore
que le coq chantait le jour.
— *Levez-vous, mademoiselle,*
levez-vous, car il fait jour;
y a du monde à la boutique
qui demande du velours.

Hier hat sich, durch die analogie der situation, das öfter erwähnte volkstümliche motiv der lerche bezw. des hahns eingestellt, und dadurch ist allerdings die äußerliche ähnlichkeit mit der alba größer geworden. Es könnte hier sogar eine wirkliche parodie vorliegen, aber keinesfalls des höfischen tageliedes. — Weit versteckter ist die ähnlichkeit in einem liede des 16. jahrh., Rolland II, 75, das eng mit anderen, I, 79 ff. angeführten, und auch mit den vorgenannten verwant erscheint. Man hat das mädchen mit einem *ort vieillard jaloux* verheiratet

qui ne sait, qui ne veut,
qui ne peut faire la chosette
qui est si doucette [1]).

Von irgendwelchem zusammenhang mit dem tageliede könnte hier überhaupt keine rede sein, wenn nicht das ganze mit folgendem, von Jeanroy s. 68 mit erwähnten refrain verbunden wäre:

Il est jour, dit l'alouette,
(sur bout, sur bout)
allons jouer sur l'herbette.

ein ausgeprägt kunstmäßiges lied und offenbar sehr jung); dazu auch Chans. du XVe siècle nr. 119 (höfisch beeinflußt, eine 'chanson de mal mariée').

1) An dieses lied erinnert noch eine zeile, die als tenor eines dreistimmigen motets angegeben ist (Motets, p. p. Raynaud, I, nr. 256): *Vilain, lieve sus o.* — Das thema vom jungen weibe und alten manne ist auch im deutschen volkslied behandelt, Uhland nr. 84, und ebenso im katalanischen, Romancerillo catalan v. Milá y Fontanals nr. 565.

Der refrain hat kaum etwas mit dem liede zu schaffen; aber auch er selbst scheint ohne alle beziehung zum tagelied zu sein; vielleicht gehörte er ursprünglich zu einem der unten zu besprechenden frühlingslieder. — Zu dieser schicht gehören noch zwei gaskognische lieder: Bladé, Poés. pop. de la Gasc. III, 322 f; 358 f.

In anderer weise gemahnt an das tagelied ein anderes lied des 15. jahrh., nr. 64 bei GParis:

J'ay veu la beauté m'amye   *Et le souleil fust couché,*
enfermée en une tour: *et le jour n'adjournast ja,*
pleust a la vierge Marie   *et je vous tensisse, belle,*
que j'en fusse le seignour!   *nue a nu entre mes bras!*

(Dazu noch eine dritte, belanglose strophe). Der herausgeber nennt diese zeilen „marquées au coin de la vraie poésie populaire". Ich meine, daß höfischer einfluß unverkennbar ist, zumal in der ersten (und dritten) strophe. So kann auch die unterstrichene zeile aus der höfischen poesie stammen, ob aber freilich aus einem wirklichen tageliede, muß dahingestellt bleiben.

Erinnert uns das letzte beispiel seiner situation nach entfernt an die 'serena', so zeigt ein anderes, modernes volkslied im wesentlichen die situation der uneigentlichen alba (X u. XI). Es ist von Theuriet, Rev. d. deux mondes, nov. 1876, s. 309 veröffentlicht:

L'avant-veille de mes noces,   *Je croyais qu'il était jour,*
ah! grand Dieu, que la nuit dura!   *les onze heures n'y étaient pas.*
Je croyais qu'il était jour,
aussitôt je me leva.

                              — Belle lune, ô belle lune,
                              que n'avances-tu d'un pas?
Je mis la tête à la fenêtre;   *Si j'avais mon arbalète,*
c'était la lune qui était là.   *je te jetterais à bas.*

Der ton des gedichtes ist durchaus volkstümlich, ich glaube auch nicht, daß wir stofflich irgend welche historische verwantschaft mit den beiden troubadourliedern anzunehmen haben. Hier ist alles viel konkreter und ursprünglicher; schon die beziehung auf die hochzeit giebt dem ganzen den eindruck des selbwachsenen, ganz besonders aber die naheliegende und doch geistreiche verwendung des mondes[1]). Anderes in der zweiten und dritten strophe

---

1) Der situation des tageliedes angepaßt, d. h. umgekehrt finden wir

erinnert an das tagelied, aber das möchte ich ebenso auffassen. Mir scheint, unser lied ist einer der sprechendsten belege dafür, daß man die möglichkeit spontaner entstehung desselben motivs an verschiedenen orten nicht zu gering anschlagen darf.

Wichtig ist die von Jeanroy, s. 69 angeführte erste strophe eines kreuzzugliedes (Raynaud nr. 1967; abgedruckt Bartsch, Chrest.[5], 243—246, PMeyer, Recueil II, 369; nach GParis, s. 38 gehört es wahrscheinlich ins jahr 1189):

Vos ki ameis de vraie amor,
esveilliés vos, ne dormeis pais [mais?]:
l'aluëte nos trait lou jor
et si nos dist an ces retrais [refrais B]
ke venus est li jors de paix
ke Deus, per sa très grant dousor,
donrait [promet B] a ceals ki por s'amor
panront la creux, et por lor fais
soufferront poene nuit et jor;
or [dont B] vairait il ses amans vrais.

Die zweite zeile scheint sich viel eher zu den oben besprochenen geistlichen liedern mit dem motiv des bußpredigers zu stellen, und dazu paßt auch sehr gut die allegorie der fünften. Eine veranlassung, geistliche parodie eines tageliedes anzunehmen, könnten nur die erste und die dritte zeile geben: man möchte an wendungen wie *drutz c'amat* VI, 2 und *Drutz qui vol dreitament amar* VIII denken. Aber auch hier läßt sich leicht eine erklärung aus der sache selbst geben: *amer* ist eine hauptaufgabe der ritterschaft, jetzt aber ist die *vraie amor* die gottesminne, und an diese wird appelliert; man nehme dazu auch die schlußzeile der strophe. Für die lerche aber müßte man nicht sowol entlehnung aus der ritteralba, als vielmehr aus volkstümlichen gedichten annehmen, und da empfiehlt es sich doch vielleicht noch eher, die eigne phantasie des dichters dafür verantwortlich zu machen [1]).

---

dieselbe bei Heinrich von Morungen:
ich wände ix solde sîn
des liehtin mânin schîn:
dô tagite ix.

Diese interpunktion und auffassung scheint mir natürlicher als die Mf. 143 [26] und Bartsch, Liederdichter, 42 [347]. Auch Morungen ist hierin sicherlich originell (vgl. a. Fränkel, s. 56).

[1]) Noch weniger scheint mir eine anlehnung ans tagelied vorzuliegen in

Uebrigens findet sich auch sonst die aufforderung zu erwachen ganz besonders häufig im eingange von patriotischen und kriegerischen liedern; vgl. Chansons du XVe siècle nr. 138 *Reveillex vous, Piccars, Piccars et Bourguignons*, ähnlich ein lied des 16. jahrh. bei Weckerlin, s. GParis, Les origines etc., s. 39, anm. 1; weitere anfänge Revue d'hist. litt. de la France I, s. 150, 151; für Deutschland vgl. de Gruyter, s. 138 f. Für diese fälle läßt sich anknüpfung ans „geistliche wächterlied" annehmen, doch kann man die allegorie auch sehr gut aus dem stoffe selbst erklären.

GParis s. 39 versucht die angeführte strophe durch eine leichte änderung (zeile 5: *que venus est cel jor li mais*) mit anderen 'chants d'éveil' zu verbinden und dadurch (mit aller reserve) auch von der alba eine brücke zu den frühlingsfesten hinüberzuschlagen [1]), die ja nach ihm überhaupt den urquell der französischen lyrik bilden [2]). Die veranlassung hierzu hat ihm vielleicht ein frühlingslied gegeben (Chansons du XVe siècle nr. 49), das allerdings in politischen gedichten öfter nachgeahmt zu sein scheint:

> *Reveille toi, franc cueur jouyeulx,*
> *tu n'as plus cause de dormir,*
> *car vees cy le temps gracieulx*
> *qui fait les arbres reverdir;*
> *il te fauldra de vert vestir,*
> *c'est la livrée aux amoureulx* etc.

Dazu stellt sich ein lied von 1530 (Wekerlin, Chants et chansons populaires du printemps et de l'été, Paris 1869, s. 15, 16), welches dieselbe farbensymbolik [3]) zeigt:

---

der bei GParis, s. 36, anm. 8 erwähnten geistlichen strophe (Herrigs Archiv XLIII, s. 245). Die folgende strophe zeigt, daß bei dem tage, der dem sünder zum schrecken anbricht, von vorn herein an den tag des gerichtes gedacht ist.

1) Vgl. übrigens schon Uhland, Schriften V, s. 177.

2) [Hierbei sei bemerkt, daß das verdienst, in der 'reverdie' eine besondere dichtungsgattung erkannt zu haben, vor OSchultz (ZfrPh. IX, 150) und GParis (Les origines etc., s. 14, 15) schon OLBWolff gebührt, s. dessen Altfranzösische Volkslieder, Leipzig 1831, s. 45].

3) Dazu noch: Chansons du XVe siècle nr. 5, 87, 119, 120. Ueberaus häufig ist dasselbe spiel im deutschen volksliede: vgl. Uhlands Abhandlung über die Volkslieder (neue ausgabe in Cottas Bibl. der Weltlitteratur), abschnitt IV, s. 284 ff.

> *Ce mois de may, ce mois de may,*
> *ma verte cotte je vestiray;*
> *de bon matin me leveray*
> *ce joly, joly mois de may,*
> *un sault en rue je feray*
> *pour veoir si mon amy verray* etc.

Und hieran schließt sich wieder ein lied aus der vorerwähnten sammlung (nr. 70), das in ganz auffälliger weise an schon dagewesenes erinnert:

> *La dernière nuitée d'apvril*
> *en une chambre m'y dormaye,*
> *sy doulcement m'y repousaye,*
> *en actendant le moys de may*
> *qui n'estoit gueres loing de moy.*
>
> *Il me vint ung souvenement*
> *d'aller veoir m'amye par amour:*
> *je m'y levay apertement*
> *pour aller veoir s'il estoit jour.*
>
> *Est-il jour? si m'aist Dieux, ouy;*
> *adonc je me mys en la voye* etc.

Das letzte lied giebt schon allen gewünschten aufschluß: der anfang des frühlingsmonats war mit allerlei gebräuchen verbunden, bei denen das wecken seine rolle spielte[1]. Aus diesen gebräuchen er-

---

[1] Vgl. des näheren Uhland a. a. o. s. 33 ff.; Wekerlin passim. Aus den bei letzterem angeführten liedern hebe ich einiges charakteristische heraus.

Frühmorgens zogen die burschen in den wald, um sträuße (und maibäume) zu holen: davon wird in einem bressanischen liede gesprochen, s. 20:
> *De grant matin je me lèverai*
> . . . .
> *un beau bouquet j'amasserai.*

Die blumen wurden der liebsten gebracht und die bäume vor ihr fenster gepflanzt (s. s. 42 ff.); dazu gehören folgende strophen:
> *Réveillez-vous à ce frais matin jour:*
> *le doux printemps s'en vient avec l'amour.*
> *Des fleurs écloses sont pour vous en bas,*
> *bouquets de roses, bouquets de lilas.*
> *Voici le jour, c'est trop longtemps dormir,*
> *réveillez-vous, le mai s'en va fleurir.* (s. 32).

klären sich alle anklänge ganz natürlich, ohne daß es nötig oder auch nur geraten wäre, irgend welche tatsächliche verwantschaft mit dem tagelied anzunehmen, wie es andererseits auch nicht angeht, die alba mit ihrer eigentümlichen situation aus den frühlingsliedern herzuleiten. Wieder ein lehrreiches beispiel, wie wenig unter umständen auf äußerliche ähnlichkeit zu geben ist [1]). —

> *Un jour de mai*
> *ça m'y prend une envie*
> *d'planter un mai*
> *à la porte à ma mie:*
> *Fondeur, dormez-vous?*
> *Joli fondeur, réveillez-vous!* (Poitou, s. 29).

Ganz anders ist zu beurteilen ein lied von Oswald von Wolkenstein, ed. Weber nr. 34, dazu de Gruyter, s. 43. Hier ist ein frühlingsrefrain den strophen eines wirklichen tageliedes beigefügt, mit dem er von haus aus gar nichts zu tun hat; der schluß des tageliedes läßt den rein äußerlichen anlaß zu dieser kontamination erkennen. Wieder anders steht es mit zwei niederländischen volksliedern bei Böhme, Altdeutsches Liederbuch, nr. 113, 114, dazu de Gruyter, s. 94 oben, 109: sie zeigen zwei selbständige situationen zu einer handlung so zusammengeschweißt, daß die grenze noch deutlich erkennbar ist. Es war ganz naheliegend, das maienpflanzen vor dem fenster des mädchens in eine liebesscene ausgehen zu lassen, zu der das höfische, ins volkslied eingedrungene tagelied die farben hergeben mußte. In unseren franz. liedern ist davon durchaus keine rede).

Auch heischelieder, verbunden mit weckruf, werden erwähnt, s. z. b. s. 31 (poit.), s. 19 (bress.); dabei haben sich aber, wie auch Wekerlin richtig anmerkt, hochzeitsgebräuche mit eingemischt; man vgl. auch Rolland IV, nr. 205. — Maiprozessionen finde ich in den liedern nicht erwähnt, doch hat es deren gegeben, s. s. 49.

Vgl. ferner Romancero de Champagne II, s. XXIV und 51 ff., 55, 57.

Uebrigens steht den angeführten strophen schon sehr nahe Carm. Bur. nr. 81 [2]: *Domicelli, surgite, domicellas querite! Ludos incitat avium concentus.*

[1]) Von solchen frühlingsliedern scheint der anfang eines liedes 'La Pernette' beeinflußt (Smith, Romania VII, s. 81 f.):
> *La Pernette se lève trois heures avant le jour.*
> *Réveillez-vous, réveillez-vous!*
> *Les jeunes amourettes, dormirez-vous toujours?*

Wie weit im übrigen von éiner einwirkung auf die politischen gedichte und die oben erwähnte kreuzzugstrophe gesprochen werden kann, will ich hier nicht untersuchen; es genügt mir, die heranziehung der alba zurückgewiesen zu haben.

So haben wir, außer dem in der ersten abhandlung besprochenen vollständigen gedichte, nur noch einige wenige spuren des tageliedes in der französischen lyrik gefunden. Wir müssen zu dem schlusse kommen, daß die gattung bei weitem nicht so gepflegt und verbreitet war wie etwa in Deutschland. Ausschlaggebend ist vor allem, daß das spätere volkslied anscheinend ganz unberührt davon geblieben ist. Mir ist nur ein einziges, noch dazu südliches beispiel bekannt geworden, welches möglichenfalls einen echten albenzug bewahrt haben könnte: das gaskognische volkslied 'Lou campanè' bei Bladé, Poés. pop. de la Gasc. III, s. 60 f. Es handelt sich um eine morgendliche schäferstunde auf der wiese; der **turm-glöckner** macht ihr ein ende, zu früh, wie die liebenden meinen, und wird dafür mit kräftigen verwünschungen bedacht:

Mès, Diu! au prumè poutet,　　*S'auèuos rai la cordo au cot,*
lou campanè souno l'aubado.　*lou batan per la caillauado,*
— „L'ase te foute, campanè,　*la campano en capelot,*
de ta maitin hè la sounado.　*lou nas enta la bataillado."*

Hier könnte also der türmer an die stelle des wächters getreten sein. Aber auch das ist bei der sonst ganz volkstümlichen art des liedes sehr zweifelhaft, und der türmer kann eben so wol eine neue erfindung sein.

III.

Wenn wir versuchen wollen, von dem in der zweiten abhandlung gewonnenen provenzalischen typus aus noch weiter zurückzublicken, so stellt sich das problem folgendermaßen dar: müssen wir auch für die provenzalische litteratur eine einwanderung des fertigen tageliedstoffes annehmen, oder hat sich die dichtungsgattung aus provenzalischem boden, unter den spezifisch ritterlichen lebens- und verkehrsverhältnissen entwickelt? und in letzterem falle: welches sind die elemente, die sich miteinander verbunden haben, und welche modifikationen haben sie dabei erlitten?

Mit der frage nach dem ursprung der alba erscheint aber etwas anderes unlösbar verkettet, nämlich die stellung, die man gegenüber der „lateinisch-provenzalischen alba" [1]) einzunehmen gewillt ist.

---

1) Das gedicht ist auf eine halbleere seite der hs. Reg. 1462 der Vaticana mit großer sorgfalt geschrieben von einer hand, die nach JSchmidt und Monaci frühestens dem anfange des 10. jahrh. angehört. Ich gebe nach Monaci, Facsimili di antichi manoscritti, Rom 1881—92, tafel 57 einen diplomatischen abdruck mit auflösung der abkürzungen und ohne die neumen, wie er sich auch bei Rajna findet.

Phebi claro[1]) *nondum orto iubare;*   *Fert aurora lumenterris tenue* [2])
Spiculator pigris clamat surgite;   *L'alba par umetmar atra sol*
Poypas abigil miraclar tenebras;   *Enincautos ostium insidie*
Torpentesque gliscunt intercipere;   *Quossuadet preco clamat surgere*
L'alba part umetmar atra sol;   *Poypas* [1]) *abigil miraclar tenebras*
Abarcturo disgregatur aquilo;   *Polisuos* [1]) *condunt astra radios*
Orienti tenditur septemtrio [3]);   *L'albapart* [1]) *umetmar* [1]) *atra sol; Poypas abigil*

[1]) Die worttrennung ist nicht an allen stellen deutlich zu erkennen. In der gruppe *Phebi claro* ist das *c* merklich tiefer angesetzt, deshalb habe ich gegen Rajna die beiden worte getrennt. Beim zweiten *Poypas* ist nicht zu entscheiden, ob die bestandteile nicht vielmehr, wie beim dritten, getrennt sind; ebenso verhält es sich mit *Polisuos*, dem dritten *L'albapart* und dem dritten *umetmar*. [2]) Was Rajna oberhalb *tenue* als interpunktion aufgefaßt hat, scheint einfach ein fleck zu sein. [3]) Zweifellos *septemtrio*, nicht mit Rajna *septentrio* zu lesen; die verbindung *ent*, z. b. in *Orienti*, sieht ganz anders aus.]

Damit betreten wir eins der undankbarsten forschungsgebiete der mittelalterlichen litteratur. Seit JSchmidt und Suchier 1881 zum ersten mal über den merkwürdigen fund berichteten (Zfdph. XII, 333 ff.), hat er nicht aufgehört, die forscher zu beschäftigen. Und doch hat seit Suchier die deutung des refrains keinen wesentlichen fortschritt mehr erfahren, und auch sachlich ist seit Laistners inhaltreicher abhandlung vom selben jahre (Germania XXVI, 415—420) kaum noch etwas wichtiges zu tage gebracht worden. Bei der beschäftigung mit dem gedichte hat man immer und immer wieder das unbehagliche gefühl, daß man alles damit anfangen kann, was man nur will, und daß eben deswegen im grunde gar nichts damit anzufangen ist.

Die deutungen des romanischen refrains haben alle etwas gemeinsam: keine will unmittelbar einleuchten und befriedigen. Unbedenklich ausscheiden kann man von vorn herein die von Laistner (welche, so viel ich sehe, nur von Ebert, Allg. Gesch. der Lit. des Mittelalters im Abendl. III², 182, 183 angenommen worden ist); kaum glaublicher ist die von Stengel vertretene [1]) (Literaturblatt f. germ. u. rom. Phil. 1882, sp. 37, 38, dazu Miscellanea di filologia, Florenz 1885, s. 5—9): gegen sie erheben sich schwere sachliche bedenken, wie namentlich Rajna, Studj di filol. romanza II (1887), 70 ff. dargetan hat.

Auch gegen Suchiers[2]) deutung sind ebenda bedenken erhoben worden, die aber nicht alle berechtigt erscheinen. Zunächst ist s. 69, 70 ein mißverständnis zu berichtigen: *clar tenebras* ist nach Suchier nicht ein vollständiger satz, sondern *tenebras* ist objekt zum imperat. *mira*, *clar* prädikat; freilich liegt hierin der schwächste punkt von Suchiers auffassung, denn man erwartet eben *claras*. Der anstoß, den Rajna s. 70 an dem plötzlichen funktionswechsel von *sol* nimmt, erledigt sich, wenn man die grammatisch und metrisch stark betonte stellung dieses wortes in betracht zieht. Die wortstellung und die auslassung des artikels (die übrigens bei *sol* und *mar* gar nichts auffälliges hat) erklären sich leicht bei einem schrift-

---

1) 'Das Morgengrauen erscheint, die Sonne zieht das feuchte Meer an, seitwärts überschreitet sie den Hügel und bescheint hell die Schatten'. — Später löst St. das mit zwei neumen bezeichnete *poy* in *poi i* auf.

2) 'Der morgenschimmer zieht jenseits des feuchten meeres die sonne heran. Den hügel überschreitet sie schielend. Siehe erhelt das dunkel!'

steller, der latein zu schreiben gewohnt ist, und den es große mühe kostet, romanische verse zu bauen. Die allgemeinen bedenken endlich gegen sinn und ausdruck (der für jene zeit zu vorgeschritten, zu poetisch-kräftig sein soll) haben nur ganz subjektiven wert, solange über die herkunft des refrains nichts bestimmtes ausgemacht ist.

Rajna[1]) hat seinerseits eine neue deutung vorgeschlagen, die aber der künstlichen argumentierungen halber und wegen vieler einzelner schwacher punkte (vgl. darüber Monaci) gar nicht einleuchtet.

Neuerdings nun hat Monaci[2]) (Rendiconti della R. Accademia dei Lincei, Classe di Scienze morali etc., serie V. vol. I., s. 475—487; dazu noch s. 785—789) die frage in eine neue beleuchtung gerückt. Nach ihm ist der refrain nicht provenzalisch, sondern ladinisch, und die beiden worte *Vigil* und *Tenebras* erklärt er als bergnamen. Sprachlich wird sich kaum etwas dagegen einwenden lassen, im gegenteil, manches fürs prov. sehr auffällige erscheint so ganz plausibel; litterarhistorisch dagegen ist die wahrscheinlichkeit sehr gering [3]), und sachlich gar wird man Monacis übersetzung für die unwahrscheinlichste von allen ansehen müssen. Nicht nur, daß das mittellat. gedicht, auf welches sich M. mit stützt, offenbar *tenebras* in gewöhnlicher bedeutung bietet: der sinn des ganzen verliert. Der schöne, anschauliche fortschritt, die steigerung, welche nach Suchiers übersetzung dem refrain innewohnt, geht verloren, wenn die sonne nur von einem berge zum andern schreiten soll. Aber was schlimmer ist: Monaci erreicht damit nicht einmal, was er beabsichtigt, nämlich dem satze den anstrich der popularität

---

1) 'L'alba, di là dall' umido mare, dietro il poggio, passa vigile a spiar per entro alle tenebre'.

2) 'L'alba dalla parte dell' umido mare attrae il sole; poi che esso passa Vigil, ecco chiarore Tenebras'.

3) Vgl. dagegen für Frankreich das wichtige, von Diez, Poesie der Troub.³, s. 16 nach Raynouard angeführte zeugnis des Paschasius Ratbert für die anwendung der vulgärsprache in gelehrter poesie (es handelt sich um die totenklage für den abt von Corbie) im 9. jahrh. (Anders freilich ders., Altrom. Sprachd., s. 79).

Ob übrigens die hand des schreibers mehr italienischen als französischen charakter trägt, wie M. sagt, ist für die frage der herkunft ziemlich gleichgiltig. Der großen sorgfalt nach zu urteilen, scheint es ja doch keine bloße federprobe zu sein; und ob der schreiber den refrain wirklich ordentlich verstanden hat, ist mindestens sehr zweifelhaft.

zu geben. Sollte da wirklich von einem berge gesagt sein können: „er ist helligkeit?" Und gerade diese topographische genauigkeit ist der volkstümlichen poesie fremd, sie könnte nur einer höchst gelehrten angehören.

Also auch Monacis deutung können wir den vorzug vor der Suchiers nicht zuerkennen. Uebrigens muß noch gesagt werden, daß die frage: ladinisch oder provenzalisch? für die beurteilung des ganzen, falls man es als geistliches oder als vagantengedicht auffaßt, bei dem internationalen charakter dieser poesie wenig ausmacht. —

Ob unser refrain irgend etwas mit dem tagelied zu tun hat, wird sich wol nie mit sicherheit entscheiden lassen, wenn uns nicht etwa ein neuer fund zu hilfe kommt. Doch können wir der lösung vielleicht schon näher kommen, wenn wir die frage weiter fassen: hat der refrain von anfang an zu unserem gedichte gehört oder nicht?

Monaci und jedenfalls die meisten vor ihm haben sich für das letztere entschieden, hauptsächlich wol deswegen, weil die volkstümliche herkunft des refrains durch die ähnlichkeit mit dem der alba Raimons de la Sala (oben VI) gesichert erschien. Nun ist oben gesagt worden, daß letzterer alles andere eher ist als volkstümlich, und dasselbe gilt (einerlei, wie wir ihn übersetzen) von unserem refrain. Aber auch die ähnlichkeit an sich ist nicht so groß, als es für den augenblick erscheint. *L'alba part* muß trotz aller einwände (s. z. b. PMeyer zu Rajna, Rom. XVI, 607, und GParis zu Monaci, ebenda XXII, 627) für die besser beglaubigte lesart erklärt werden und könnte allerhöchstens dann für einen latinismus gelten, wenn auch das dritte mal so geschrieben wäre. Wenn man es mit den eben genannten kritikern als ausgemacht ansieht, daß der anfang des refrains bedeute 'l'aube paraît', so ist das nur eine petitio principii. Daß ferner *L'alba* gerade am anfang steht, fällt nicht schwer ins gewicht: wo sollte es dem sinne nach sonst stehen? und gerade in den provenz. alben, die wir als die altertümlichsten erfunden haben, treffen wir diese stellung nicht. Endlich die erwähnung des meeres. Bei einem bürger von Marseille, wie es Raimon de la Sala nach seinem biographen war, kann dieselbe nicht befremden; und auf der anderen seite ist es mir sehr zweifelhaft, ob wir nicht vielmehr nach Laistner (s. 418) den ausdruck *umet mar* bildlich von dem feuchten, wogenden morgennebel zu verstehen und Suchiers übersetzung darnach zu modifizieren haben. Wörtlich gefaßt ist es ein unschöner pleonasmus, bei dem noch dazu das adjektiv schlecht paßt, während es ganz an seiner stelle ist, wenn wir etwa erklären „das feuchte nebelmeer [1]". Die ähnlichkeit also trügt. Aber Monaci bringt s. 476 ff. noch einen anderen grund bei. Nach ihm ist der refrain das 'motiv', der lateinische text die 'glosse' oder paraphrase: ersteres ist zunächst da, die zweite rankt sich darum, gewissermaßen wie ein kommentar um den text. Er beruft sich dabei auf ein paar stücke des Hilarius, die ebenfalls vulgären refrain zu lateinischem text aufweisen. Es ist mir nicht recht klar geworden, ob Monaci damit eine theorie über die entstehung des refrains im allgemeinen geben will: ich betrachte diese gelehrte art der refrainbildung als etwas sekundäres und halte an der ansicht fest, daß der refrain ursprünglich gleichsam aus der strophe herauswuchs, zunächst vielleicht nur in der form von interjektionen oder musikalischen verzierungen [2]). Aber auch die zweisprachigen beispiele, die Monaci anführt, sind zu ihrem besten teile nicht beweisend. Zwar das zweite und das dritte gedicht haben

---

1) Laistner hat nicht eigentlich den morgennebel, sondern den tau im sinne und zieht dafür eine hymnenstelle an, zu der sich noch vergleichen läßt Carm. Bur. 132 [2]: *os eius subfunditur roseo rubore, consurgenti cernitur similis aurorę irriganti climata matutino rore*. Aber auch der nebel kommt in morgenhymnen oft genug vor und läßt sich auch in die antike dichtung hinein verfolgen, vgl. z. b. Metam. VIII, 1—3:

iam nitidum retegente diem noctisque fugante
tempora Lucifero cadit eurus, et umida surgunt
nubila.

Ebenda II, 168, 169 heißt es von den sonnenrossen:

corripuere viam pedibusque per aëra motis
obstantes scindunt nebulas.

2) Vom eigentl. refrain ist wol zu trennen das augustinische 'hypopsalma' (du Méril, Poés. pop. lat. ant. au XIIe siècle, s. 120 ff.; FWolf, Ueber die Lais, Sequenzen und Leiche, anm. 7), welches ursprünglich wol nichts mit der strophenabteilung zu tun hat und sicherlich auf klass.-lat. einfluß zurückzuführen ist (vgl. z. b. Amores I, 6).

Daß übrigens der refrain in seiner entwickelten gestalt gegenüber dem übrigen text einen sondercharakter trägt, daß sein inhalt sozusagen allgemeiner ist als der jeder einzelnen strophe, ist ganz erklärlich, er giebt eben die grundstimmung des ganzen wieder. Niemand wird aber behaupten, daß etwa der refrain *röslein röslein röslein rot, röslein auf der heiden* das motiv und das andere die glosse dazu sei!

offenbar den refrain des ersten nachgebildet: für dieses aber scheint es mir klar, daß die worte *tort a vers nos li mestre*, so sehr sie die allgemeine stimmung widerspiegeln mögen, keineswegs ein aus dem munde der schüler Abälards genommenes geflügeltes wort sind, sondern so gut wie das andere dem Hilarius selbst zugehören. Ganz unhaltbar würde Monacis ansicht erscheinen für die französischen refrains in desselben dichters Ludus super iconia sancti Nicolai (Hilarii versus et ludi, s. 34 ff.), die ganz natürlich aus der situation hervorgehen, und in der Suscitatio Lazari (ebenda s. 24 ff.), wo doch eine wörtliche anknüpfung an den text des evangelisten sehr nahe gelegen hätte. Nicht anders ist es auch im Sponsus.

Nehmen wir hinzu, daß der ton des refrains ganz derselbe schwere, künstliche ist wie der des lateinischen teils, so fehlt jeder grund, beide getrennt zu betrachten. Die sprachmischung an sich ist jedenfalls nicht auffälliger als bei so vielen anderen gedichten auch, und einen wesentlichen unterschied zwischen solchen 'poesie farcite' (Monaci) und gedichten, bei denen die sprachmischung durch den ganzen text geht (s. z. b. du Méril, Poés. pop. ant., s. 100, 101), vermag ich nicht zu erkennen. Es mag das rein gelehrte mode gewesen sein, nur daß bei liturgischen und dramatischen stücken noch das bestreben in betracht kam, das volk teilnehmen zu lassen.

Welches ist nun aber die bedeutung und bestimmung des ganzen gedichtes?

Als der fund veröffentlicht wurde, erschien es sehr verlockend, ein wirkliches tagelied, den vorläufer des ritterlichen, darin zu sehen. So faßte JSchmidt seinen fund auf, und diese anschauung hat noch heute anhänger. Freilich, von einem „volkstümlichen tagelied" im sinne JSchmidts kann heute keine rede mehr sein, und auch Römers aufstellung (s. 5, 6), „daß wir einen gelehrten Versuch vor uns haben ein wirkliches provenzalisches Tagelied frei ins Lateinische zu übertragen", ist ganz unhaltbar: daß der text von allem anfang an lateinisch abgefaßt gewesen ist, läßt sich zumal nach Laistners (s. 418, 419), Rajnas (s. 85) und Roethes (s. 86 ff.) ausführungen nicht bezweifeln. Aber damit ist nichts verloren: das gedicht könnte als gelehrte vorstufe der ritterlichen alba der vagantenpoesie zugehören. Wir hätten dann schon alle wesentlichsten requisiten des tagelieds fertig vorliegen: formell den refrain mit dem worte *alba*, inhaltlich das liebespaar (*pigri, incautos, tor-*

pe nt es), den vertrauten wächter (*spiculator* und möglichenfalls *praeco*), den gatten und die merker (*ostium insidie*). Aber sind d as wirklich ausdrücke, wie man sie in einer liebesalba erwarten s ollte (s. a. Laistner, s. 418)? und sollte das liebespaar als etwas so nebensächliches erschienen sein, daß nicht deutlicher auf dasselbe u nd namentlich auf das moment der trennung hingewiesen ist? Aber es können strophen fehlen, sagen andere. Zu dieser annahme iegt jedoch gar kein grund vor. Die drei strophen machen einen völlig g eschlossenen eindruck, namentlich durch die symmetrie, mit der d ie beiden morgenerscheinungen schildernden die mittlere umrahmen. Daß nicht eine bloße federprobe vorliegt, beweist die große sorgfalt, mit der das ganze geschrieben ist (s. JSchmidt), und die durchgeführte neumierung. Raum aber bot das blatt im überfluß. Es läßt sich sogar mit sicherheit behaupten, daß der schreiber nicht die absicht hatte, noch mehr zu schreiben, daß also seine vorlage, die er doch höchstwahrscheinlich hatte, nichts weiter bot: er hätte sonst unbedingt mit Poy pas abigil eine neue zeile angefangen. — Und so wird man, wenn auch ungern, auf dieses „älteste tagelied" verzichten müssen.

Stengels meinung, daß wir ein „soldatenwachtlied" vor uns haben (s. Römer s. 5, Jeanroy s. 72, 73), ist zu wenig begründet, als daß sie ernstlich in erwägung gezogen werden könnte. In einem kriegsliede würde das starke hervortreten der morgenschilderung einzig und befremdend dastehen [1]).

Einen eigentümlichen kompromiß hat, wenn ich ihn recht verstehe, Rajna s. 86—89 geschlossen. Nach ihm liegen in dem gedichte die keime dreier verschiedener dichtungsarten: einer erotischen, einer religiösen und einer kriegerischen alba. Das heißt mit anderen worten eine indifferente alba konstruieren, die, selber ohne eigentlichen konkreten inhalt und lediglich einen weckruf enthaltend, sich mit verschiedenen elementen verbunden und zu verschiedenen konkreten dichtungsgattungen ausgewachsen hätte. Dies scheint mir auf einer grundfalschen auffassung vom wesen einer

---

1) Die „kriegsalba" ist überhaupt nichts reales; ihre existenz wird nur gefolgert eben aus unserem liede u. dem sog. „wachtlied der soldaten von Modena" (du Méril, Poés. pop. ant., s. 268 f.), das deutlich geistlichen charakter trägt. Uebrigens erklärt sich, wie in politischen gedichten überhaupt, so auch in kriegsliedern die aufforderung zum wachen oder erwachen aus der sache selbst ohne jede beziehung zum tageliede, s. o. s. 67.

dichtungsart zu beruhen: die eigentliche wurzel ist immer die konkrete situation, nebensächliche züge können nur hinzutreten, gleichviel woher, wenn sie zur situation passen oder zu passen scheinen, sie können aber niemals das wesentliche und ursprüngliche darstellen. Man mag also nötigenfalls von einer gegenseitigen beeinflussung dreier bestimmter gattungen sprechen: aber eine aus der konkreten dichtungsart künstlich herausdestillierte alba ist und bleibt eben nur eine abstraktion, nichts reales. Den wächterruf aber in unserem gedichte als selbstzweck aufzufassen, was ja an sich nicht unmöglich wäre, erlaubt die zweite strophe mit ihrer andeutung einer in den schatten der dämmerung heranschleichenden gefahr nicht.

Und es liegt meines erachtens gar keine veranlassung vor, zu einer so künstlichen konstruktion seine zuflucht zu nehmen. Denn mir wenigstens erscheinen die beziehungen zum geistlichen morgenhymnus, welche Laistner und Roethe a. aa. oo. aufgestellt haben, ganz schlagend; und so leistet denn auch Rajna s. 88 nur schwachen widerstand [1]) dagegen. Wie leicht sich aber hier äußere ähnlichkeit mit dem tagelied ergab, ist schon in der zweiten abhandlung bei gelegenheit der provenzalischen hymnen ausführlich dargelegt. Ich stehe also nicht an, das lat.-provz. gedicht, und zwar das ganze, für einen hymnus zu erklären [2]) [3]).

---

1) Für den plur. *hostes* (= *daemonii*) führt R. selbst eine stelle an (Milchsack, Hymn. et Sequ. I, 69 327); vgl. auch Wackernagel, Kirchenlied I, 6. str. 3: *quo fraude quicquid daemonum in noctibus deliquimus* etc.; auch *li satan* im prov. Boec., v. 18 läßt sich vergleichen; zu *ostium insidie* stellt sich *insidiantes* Murb. hymn. 16. *Incautos* ist ganz biblisch gedacht, vgl. Matth. 26 41 u. andere früher angeführte bibelstellen; ganz nahe erinnert daran ein anderes gedicht, du Méril, Poés. pop. lat. ant. au XII⁰ siècle, s. 135, 136: *Apparebit repentina dies magna Domini, fur obscura velut nocte improvisos occupans*. Die „ispirazione religiosa" endlich ist im ganzen tone und in der allegorie breit genug vorhanden.

2) Daneben sind im einzelnen viele klassisch-lat. reminiszenzen zu spüren, von denen nicht ohne weiteres zu erkennen ist, ob sie unmittelbar aus der quelle geschöpft oder auch erst aus der (weltlichen oder geistlichen) mittellat. poesie genommen sind. Hierher gehört die verwendung von *iubar* (s. a. Laistner s. 418), vgl. Metam. VII, 663 *iubar aureus extulerat sol*, geradezu = gestirn ebenda XV, 840, 841; I, 768, XV, 187; Lat. Anthologie ed. Riese nr. 81, 579,

vorhandenen volkstümlichen vorstufe entstehen, in der von den konventionellen zügen des wächters und meist auch eines verbotenen liebesverhältnisses keine rede ist. Das erscheint zunächst ganz einleuchtend und vermag doch näherer betrachtung nicht stand zu halten. Zwar der zweite zug kann das natürliche ergebnis des ritterlichen minnebegriffes sein. Alle versuche aber, auch den wächter ähnlich zu erklären, oder ihn als eine umformung der im volkstümlichen liede weckenden singvögel oder gar des hahnes erscheinen zu lassen, scheitern an dem von grund aus unnatürlichen des motivs. Daß der vertraute wächter nicht aus dem leben gegriffen sein kann, hat schon Roethe s. 89 bemerkt, und wir haben oben s. 39 dasselbe urteil auf den wächter überhaupt ausgedehnt. Es muß also für ihn irgend eine erklärung gefunden werden.

Den versuch, den wächter und seinen weckruf als den eigentlichen historischen kern, die liebenden als etwas gleichsam zufällig hinzugetretenes aufzufassen (Scherer, Wiener Sitzungsberichte LXXVII, s. 491; RMMeyer, Zeitschr. f. vergl. Litteraturgeschichte I, s. 41), habe ich schon oben gestreift: dagegen sprechen nicht nur allgemeine erwägungen, sondern vor allem auch die entwicklung des wächtermotivs in der provenzalischen alba. Einfache entlehnung aus einer anderen dichtungsart, etwa dem geistlichen morgenhymnus, könnte man aber nur dann annehmen, wenn in wirklich glaubhafter weise ein weg gezeigt würde, auf dem sich die verbindung vollzogen haben könnte. So lange das nicht geschehen ist, sehen wir uns zu der alternative gedrängt: entweder ist der stoff des tageliedes schon fertig, mit der figur des wächters, den provenzalen zugeführt worden, oder der wächter ist die poetisch sehr fruchtbare, aber psychologisch verfehlte umbildung einer anderen, glaubhafteren figur.

Zum teil schon aus den eben angestellten erwägungen muß

586; Carm. Bur. nr. 35[16], 37[1], 54[1], 95[2], 101[3]; sachlich vgl. auch Anth. nr. 584 *roseis aurora capillis*, 585 *astraque cesserunt fulgentia crinibus aureis*, auch Metam. XV, 847—850 *flammiferumque trahens spatioso limite crinem stella micat.* In figürl. gebrauch endlich noch du Méril, Poés. pop. ant., s. 150 anm., Carm. Bur. LXXXV, 1. Hierher kann man ferner das meer rechnen, wenn man daran festhält, endlich auch die aurora = l'alba; darüber s. u.

3) Damit wäre auch die möglichkeit gegeben, für die refrains der oben besprochenen prov. hymnen an eine vom tagelied unabhängige tradition anzuknüpfen (s. o. s. 47), und wer an der verwantschaft des refr. von VI mit dem des lat.-prov. gedichtes festhält (s. o. s. 33, 74 f.), kann auch ihn damit verbinden.

Roethes geistreicher erklärungsversuch als gescheitert betrachtet werden. Roethe hat in seiner inhaltreichen rezension s. 86 ff. auch das verhältnis des „geistlichen wächterliedes" (vgl. den exkurs in unserer zweiten abhandlung) zur alba einer betrachtung unterzogen und ist dabei, z. t. auf Scherer gestützt, zu dem gegenteil der herkömmlichen auffassung gekommen: er möchte geradezu das tagelied aus dem morgenhymnus hervorgehen lassen. S. 87, 88 (wozu auch Laistner s. 418, 419 und oben s. 46 ff.) hat er die äußeren vergleichspunkte zusammengestellt. Was zunächst die einleitungsgebete bei Guiraut von Bornelh und Raimon de la Sala betrifft, so ist festzuhalten, daß wir in ihren gedichten zwei der am weitesten entwickelten alben zu erblicken haben; bei Guiraut ist das gebet eine sehr geschickte, trefflich zu der grundstimmung des ganzen passende neuerung, Raimon könnte es von ihm entlehnt haben. Guirauts stilistische anknüpfung an die hymnenpoesie (s. Roethe, s. 88, anm. 1 und oben s. 31, 55) beweisen dabei nicht das mindeste für die herkunft der ihm überkommenen dichtungsart. — Aber auch die verbindung der elemente ist nicht so einfach, wie sie Roethe s. 88, 89 darstellt. Einmal ist es nicht richtig, daß im tagelied der wächtersang zunächst die hauptsache sein soll; wir haben vielmehr gesehen, wie das wächtermotiv, ursprünglich nebensächlich, immer weiter entwickelt wurde. Dann aber vor allem: in den morgenhymnen ist immer die nacht[1]) die unholde zeit, die zeit der *vagantum portenta somniorum* (Prud.), der *fraus daemonum* (Ambr.); das morgenlicht ist Christus, der heiß ersehnte retter, der die *vagantes daemonas* (Prud.), die *noctium phantasmata* (Ambr.) vertreibt und *hostem nostrum* (Ambr.), *insidiantes* (Murb. hymnen) unterdrückt. Nun vergleiche man damit die im tagelied geltende anschauung! Und wenn bei Prudentius der die seele bedrohende feind ein *adulter* genannt wird, den der hahnenschrei verscheucht, so beweist das, wenn man die ritterliche anschauung dagegen hält, eben das gegenteil von dem, was Roethe darin findet. Ueber diese kluft führt keine brücke, und sicher vermochte sich damals niemand so leicht parodistisch darüber hinwegzusetzen [2]). — Weiterhin weist Roethe auf das alle-

---

1) Anstatt der nacht gelegentlich (so im lat.-prov. hymnus) die dämmerung, aber immer im gegensatz zum tage; vgl. Laistner, s. 419.

2) Es gab freilich vom biblischen standpunkt auch die vorstellung eines schrecklichen, feindlichen tages (s. o. s. 50), aber auch von da aus ist es nicht möglich, zur tageliedsituation zu gelangen. Man betrachte nur z. b. die behandlung des jüngsten tages bei du Méril, Poés. pop. lat. ant., s. 135 ff. —

gorische liebespaar caro-mens hin. Aber einmal ist das tertium comparationis hierbei ganz äußerlich, von unserer situation völlig abliegend (der vergleich drückt nur die enge zusammengehörigkeit aus; anderwärts erscheinen beide auch als ancilla und domina, so in der Visio Fulberti, du Méril a. a. o. 217 ff.); und dann vermag ich mir überhaupt nicht zu denken, wie aus der blutlosen allegorie ein so lebenswarmes gebilde wie die alba sich hätte entwickeln können. Das umgekehrte, beeinflussung solcher allegorien durch das tagelied, ist glaublicher und von Roethe selbst belegt[1]. — Ein anderes allegorisches liebespaar, Christus und die kirche, kann für uns erst recht nicht in betracht kommen: so blasphemisch ging man damit nicht um. — Endlich weisen de Gruyter s. 131, 132 und Roethe s. 89 auf eine der biblischen grundlagen dieser allegorie, das 2. kap. des Hohenliedes hin. Allerdings haben wir hier nach Reuß' übersetzung (Das alte Testament, Bd. V) in dessen 2. idylle eine art oaristys (nach Jeanroys ausdruck); aber eine wörtliche auffassung war im mittelalter ausgeschlossen, und für die allegorische gilt das eben gesagte; überhaupt hätte die stelle für die entstehung des tageliedes in keinem falle den nötigen stoff liefern können.

Wir vermögen also den weg vom „geistlichen wächterlied" (bezw. der bibel) zum tagelied eben so wenig zu finden, wie in der zweiten abhandlung den umgekehrten.

Otto hat in seinen 'Bemerkungen über Ramon Lull', ZfrPh. XII, s. 519 unter berufung auf AFvSchack, aber ohne nähere quellenangabe auf die araber und den einfluß hingewiesen, den sie auf die romanen und (doch wol auf katalanischem boden) speziell auf die provenzalen ausgeübt haben könnten; er meint, daß damit eine erklärung für das „kometenartige, plötzliche Auftreten der provenzalischen Dichtung" gefunden sei. Insbesondere weist er auf arabische lieder hin, „die einen Warnungsruf des vom Liebenden aufgestellten Wächters enthalten".

Ohne mich auf die wahrscheinlichkeit oder unwahrscheinlichkeit der ganzen hypothese einzulassen, will ich gleich zur prüfung des tatbestands übergehen.

---

[1] Ein gedicht von Hans Sachs, Wackernagel II, nr. 1409 (s. de Gruyter, s. 135), zeigt deutlich, wie leicht erkennbar in solchen fällen der anschluß an das tagelied ist.

In Schacks „Poesie und Kunst der Araber in Spanien und Sizilien", Bd. I, s. 37 finde ich wol ein erlebnis eines dichters, das an die tageliedsituation gemahnt (jedoch auch nur entfernt und einseitig)[1]), aber nichts davon, daß dieser dichter den stoff auch wirklich in entsprechender weise behandelt habe. — Dagegen steht ebenda, s. 115 f. ein gedicht, welches in seinem verlaufe, abgesehen davon, daß das mädchen den geliebten aufsucht, ganz dem oben s. 63 erwähnten französischen volkslied u. a. entspricht, nach Jeanroys ausdrucksweise oaristys und alba vereinigt. Das ganze erscheint natürlich in morgenländische glut getaucht, aber es findet sich manches wieder, was an einheimisches gemahnt.

Bei ihr, die, strahlend wie der mond, mein stübchen leuchten machte,
ruht' ich, indessen alles schlief, nur unsre liebe wachte.
Das schlanke weib umarmend, ward ich müd' nicht, sie zu küssen,
bis nun das morgenrot uns mahnt, daß wir uns trennen
müssen.
O nacht Al-Kadir, heilige, von Allah selbst geweihte,
steig nieder, daß ich länger noch darf ruh'n an ihrer
seite!

(Etwas ganz ähnliches, in das gewand eines traumes gehüllt, ebenda s. 119). Daß die üppige phantasie arabischer dichter sich eine so fruchtbare situation nicht entgehen lassen konnte, ist ohne weiteres klar; und wie sehr die (sinnlich oder symbolisch aufgefaßten) lichterscheinungen ihrer poetischen anschauung nahrung gaben, ist fast aus jeder übersetzungsprobe in Schacks buch zu ersehen. Man sieht aber, daß unser gedicht nicht mehr, eher noch weniger bietet als abendländische unhöfische behandlungen derselben situation: eine dem stoffe angemessene erwähnung der morgenröte, wie sie sich z. b. ganz ähnlich s. 231 bei gelegenheit eines trinkgelages findet. — Ganz anders steht es mit einem ebenda, bd. II, s. 126 übersetzten 'muwaschaha' desselben dichters, das nach Schack übrigens

---

1) Der dichter ist Dschemil, aus dem durch Heine berühmt gewordenen stamme Usra. „Oft, einen Wächter aufstellend, brachte er in einem einsamen Thale unter Palmbäumen ganze Nächte in zärtlichen Liebesgesprächen mit ihr zu, aber, wie er auf seinem Todbette betheuerte, ohne je Botheina anders zu berühren, als daß er ihre Hand ans Herz drückte, damit es ein wenig durch sie ruhen möchte."

nur formell, nicht inhaltlich von spanischen dichtern nachgeahmt sein soll:

Nun ertönt der ruf uns beiden:
Fort! ihr müßt einander meiden!
. . . .
11. *Jetzt, getrübt durch leid und klage,*
werden düster unsre tage,
während hell die nächte strahlten,
eh' verhängt uns ward das scheiden.
. . . .
19. *O wie sehr die liebe quäle,*
ich erprobte das, ich tor!
In ihr meer hinuntersinkend,
ihre bittern wellen trinkend,
hören nun wir zwei den mahnruf:
Aus sind, aus des lebens freuden!

Es handelt sich keineswegs um ein scheiden am morgen nach der liebesnacht, sondern um ein scheiden fürs leben: der ruf, der die beiden auseinandertreibt, ist des schicksals stimme. — Etwas anderes habe ich bei Schack nicht gefunden. Bis auf weiteres also ist die frage nach arabischem ursprunge des tageliedes zu vertagen. —

Wenn es sich darum handelt, eine vorstufe für die ritterliche dichtung ausfindig zu machen, darf die lateinische poesie der kleriker und deren hauptquelle, das klassische altertum, nicht übersehen werden. Auf die bedeutung der vagantendichtung für die höfische ist schon oft hingewiesen worden (zuerst, soviel ich weiß, von Schmeller in der einleitung zu den Carmina Burana); daß sie als natürliche vorstufe speziell der troubadourpoesie anzusehen ist, hat OSchultz, ZfrPh. IX, 157, X, 318 ausgesprochen. Freilich bietet die vagantenlyrik, soweit sie bis jetzt bekannt ist, nichts für das tagelied verwendbares, denn nr. 144 der Carmina Burana (s. dazu Scherer, Wiener Sitzungsberichte LXXVII, s. 490, de Gruyter, s. 10; gegen Martin, Zfda. XX, 55 ff. ist zu bemerken, daß der tageliedcharakter sicherlich doch eher durch eine übersetzung verwischt als erst hineingetragen werden konnte) ist einem deutschen tageliede (ebenda nr. 144a) frei nachgebildet und hat dabei alles charakteristische abgestreift; das lat.-prov. gedicht aber kann ich, wie oben ausgeführt, nicht hierher rechnen. Und doch liegt es

gerade hier um so näher, die quelle in dieser richtung zu suchen,
als schon die typische verwendung, die starke personifizierung der
'alba' darauf hinzuweisen scheint, daß wir es eigentlich mit einer
mythischen persönlichkeit zu tun haben, mit Aurora (s. übrigens
s. 87 anm.!).

Wol der im mittelalter gelesenste römische dichter war Ovid[1]);
und gerade seinem farbenfreudigen sinne konnte die poetische fruchtbarkeit der morgenschilderung nicht entgehen. Er verwendet sie
sehr oft als schmuck und zwar in einer teilweis schon ganz formelhaften art, wobei wir denn alle unsere alten bekannten wiederfinden.
Einfach *lux* wird erwähnt Metam. IX, 795; *Lucifer* als *admonitor
operum* erscheint leuchtend am himmel Metam. IV, 663—665, er
verjagt die nacht, und *umida nubila* steigen auf Metam. VIII, 1—3;
er ruft die flammen der Aurora, diese den sonnenwagen hervor
Metam. IV, 629, 630; *effulget tenebris Aurora fugatis* II, 144, vgl.
III, 600, 601;

    ... *ecce vigil rutilo patefecit ab ortu*

---

[1]) Auch auf griechische dichtungen ist entfernt hingewiesen worden, so
mehrmals auf die Λοκρική ᾠδή bei Athenaeus (ed. Kaibel) XV, 697ᵇ, die
nach vWilamowitz (Index lect. Gott. 1889/1890, s. 22) frühestens aus dem
4. jahrh. stammt; vgl. noch GParis, Rom. I, 117, 118; Jeanroy s. 143:

    ὦ τί πάσχεις· μὴ προδῷς ἄμμ', ἱκετεύω.
    πρὶν καὶ μολεῖν κεῖνον, ἀνίστω, μὴ κακὸν
    μέγα ποιήσῃ σε κἀμὲ τὴν δειλάκραν.
    ἀμέρα καὶ δή, τὸ φῶς διὰ τᾶς θυρίδος οὐκ εἰσορῇς;

Hier ist allerdings von einem verbotenen liebesverhältnis die rede (Athenaeus
spricht ausdrücklich von μοιχικαὶ ᾠδαί); aber sonst ist die ähnlichkeit ganz
vag. Nicht anders steht es mit den von Fränkel, s. 44, anm. 4 (nach Biese)
erwähnten „wächterliedern" des Meleagros: Anthol. graeca (ed. Jacobs) nr. 81
ist eine klage über das schnelle, unliebe erscheinen des morgensterns, der,
wie einst für Zeus u. Alkmene, wieder zum abendstern werden soll (ähnlich
nr. 74; an die schlußwendung erinnert frappant der schluß des oben s. 82
angeführten arabischen gedichtes); nr. 82 ist eine parodistische umkehrung
desselben motivs; in nr. 72 wird der hahn, der noch in der dunkelheit den
morgenstern ankräht, verwünscht und mit dem tode bedroht, was an manche
der im 2. abschnitt erwähnten volkslieder erinnert, aber mit dem tagelied
in unserem sinne gar nichts zu tun hat. — Bei Martial, von dem Fränkel
ebenda spricht, finde ich nichts, als I, 73 die wächter, die der gatte seiner
treulosen frau setzt, und die natürlich hintergangen werden; eine ähnliche
rolle spielen die wächter öfter bei Tibull. Das hat mit unserem stoffe nicht
das mindeste zu tun. Noch weniger ließe sich für das tagelied anknüpfen
an Mart. VIII, 21.

> *purpureas Aurora fores et plena rosarum*
> *atria. diffugiunt stellae, quarum agmina cogit*
> *Lucifer, et caeli statione novissimus exit*

Metam. II, 112—115; weiter erscheint Aurora dreimal in fast wörtlich feststehender formel Met. VII, 100, 835, XV, 665. Auch der hahn findet seine stelle:

> *iamque pruinosus molitur Lucifer axes,*
> *inque suum miseros excitat ales opus*

Amores I, VI, 65, 66; an einer anderen stelle (Met. XI, 597—598) heißt es von der höhle des schlafs:

> *non vigil ales ibi cristati cantibus oris*
> *evocat Auroram.*

Vor allem aber vergleiche man die schöne, umfassende schilderung, die Ovid dem Pythagoras in seiner rede über den wechsel in den mund legt (Met. XV, 188—195):

> *Nec color est idem caelo, cum lassa quiete*
> *cuncta iacent media, cumque albo Lucifer exit*
> *clarus equo: rursusque alius, cum praevia lucis*
> *tradendum Phoebo Pallantias inficit orbem.*
> *ipse dei clipeus terra cum tollitur ima*
> *mane rubet, terraque, rubet, cum conditur ima;*
> *candidus in summo est, melior natura quod illic*
> *aetheris est, terraeque procul contagia fugit* [1]).

Aber auch in verbindung mit einer liebesscene finden wir die schilderung des morgenanbruchs, so in dem reizenden idyll Amores I,

---

1) Wenn anderswo noch Oceanus und Tithonus erwähnt werden, so sehen wir daraus, daß die griechen (speziell Homer, vgl. z. b. den anfang des 5. buches der Odyssee) die letzte quelle sind. — Im mittelalter sind aus ovidischen und wol auch anderen reminiszenzen die 12 auch von Laistner, s. 417 erwähnten 'Tetrasticha de aurora et sole' (Riese, Lat. Anthol., nr. 579—590) zusammengestellt worden, ein beweis, wie sehr das prächtige farbenspiel des römers auch eine scholastische phantasie anregte. Eins der schönsten, nr. 584, soll hier stehen:

> *Lutea fulgebat roseis Aurora capillis*
> *et matutino rore madebat humus.*
> *Tethyos undivagae tum prosilit aequore Titan,*
> *flammiferos vultus ore micante ferens.*

Man fühlt sich lebhaft an den ton der lateinischen hymnen und des lat.-prov. gedichtes erinnert!

XIII, 1 ff., an das man wol schon für die herkunft der alba gedacht hat[1]), und in dem auch einzelne bekannte züge: vorwürfe gegen Aurora, klage und wunsch, vogelsang, gestirne nicht fehlen:

Iam super oceanum venit, seniore marito
flava pruinoso quae vehit axe diem.
quo properas, Aurora? mane! . . . . . .
. . . . . .
5. *nunc iuvat in teneris dominae iacuisse lacertis*
. . . .
7. *nunc etiam somni pingues et frigidus aër,*
et liquidum tenui gutture cantat avis.
quo properas, ingrata viris, ingrata puellis?
roscida purpurea supprime lora manu!
ante tuos ortus melius sua sidera servat
navita nec media nescius errat aqua.
. . . .
25. *Omnia perpeterer; sed surgere mane puellas,*
quis, nisi cui non est ulla puella, ferat?
optavi quotiens, ne Nox tibi cedere vellet,
ne fugerent vultus sidera mota tuos.
. . . .
39. *At si, quem mavis, Cephalum complexa teneres,*
clamares: 'lente currite, Noctis equi.' [2])
. . . .
47. *iurgia finieram; scires audisse: rubebat;*
nec tamen adsueto tardius orta dies.

Vgl. übrigens noch den (pseudoovidischen) traum der Sappho, Epist. XV, 123 ff. und eine verwante stelle, Metam. IX, 485, 486.

Man sieht, das gedicht enthält so viel poetisch brauchbares, daß es die kleriker zur nachahmung förmlich aufgefordert haben mag. Als direkte quelle des tageliedes aber kann es nicht in betracht kommen. Es bietet auf der einen seite viel mehr, auf der andern doch zu wenig: vom wächter oder von etwas dem entsprechenden ist keine spur vorhanden, ja nicht einmal das trennungsmotiv ist

---

1) Es war das z. b. Schwans meinung.
2) Diese worte scheinen die unmittelbare quelle für die von Schuchardt, Romanisches und Keltisches, s. 77 f. besprochene und übersetzte stelle aus Ariost zu sein.

deutlich herausgebildet, es ist nur vom aufstehen des mädchens die rede, so daß man bei dem mehr humoristischen tone des ganzen eben so wol an die situation der 9. Goethe'schen elegie denken könnte.

Eine in allen punkten ausreichende vorlage aber finde ich zwar nicht bei Ovid selbst, aber in dem zeitlich und stilistisch sehr nahe stehenden pseudoovidischen briefe Leanders an Hero [1]) (Ep. XVII), v. 105 ff. Nicht nur der sagenstoff, sondern gerade auch dieser brief war im mittelalter bekannt und natürlich für ein werk Ovids angesehen, vgl. Birch-Hirschfeld, Die den Troubadours bekannten epischen Stoffe, s. 16, Bartsch, Albrecht v. Halberstadt und Ovid im Mittelalter, s. XXXIV f., dazu auch de Gruyter, s. 123; Fränkel, Engl. Studien XVII, 128. Es heißt daselbst:

Cetera nox et nos et turris conscia novit,
  quodque mihi lumen per vada monstrat iter:
non magis illius numerari gaudia noctis
  Hellespontiaci quam maris alga potest;
quo brevius spatium nobis ad furta dabatur,
  hoc magis est cautum, ne foret illud iners.
iamque fugatura Tithoni coniuge noctem
  praevius Aurorae Lucifer ortus erat:
oscula congerimus properata sine ordine raptim
  et querimur parvas noctibus esse moras.
atque ita cunctatus monitu nutricis amaro
  frigida deserta litora turre peto.
digredimur flentes, repetoque ego virginis aequor
  respiciens dominam, dum licet, usque meam.

Hier ist es also die amme, die in durchaus passender weise die säumenden an die notwendigkeit des scheidens erinnert; schon oben s. 79 haben wir für das wächtermotiv einen ähnlichen ursprung postuliert. Die art der erwähnung des wächters in der altertümlichsten alba paßt recht gut zu der der amme an unserer stelle. Ich meine also, daß wir in dieser richtung anzuknüpfen haben, ja, daß wol in dieser pseudoovidischen stelle unmittelbar der ausgangspunkt für das tagelied zu suchen ist, wobei unzweifelhaft auch die vorher angeführten und vielleicht auch noch andere stellen mit gewirkt haben. Sach-

---

1) In der mutmaßlichen quelle des briefes, dem gedichte des Musaeus, ist nichts entsprechendes enthalten.

lich ist im tageliede nichts vorhanden, was auf diesem wege nicht seine erklärung fände. Selbst das motiv des verbotenen liebesverhältnisses finden wir vorgebildet, es mag ohne weiteres auf ritterliche verhältnisse übertragen worden sein; diese übertragung selbst wurde ohne zweifel dadurch außerordentlich erleichtert, daß der mittelalterliche leser in der *turris* des briefes die ihm vertraute ritterliche burg wiederfand und den ausdruck *domina* dem höfischen *domna* gleichsetzte. Die figur der amme aber, für den dichter wenig ausgiebig, war im mittelalter nicht mehr so naheliegend, daß ihre metamorphose nicht begreiflich erschiene. Man kann dabei noch an die zwischenstufe eines freundes denken, den der liebhaber sich mitgebracht: dann hätten Guiraut von Bornelh und Steinmar, wol unwissentlich, an eine ältere stufe des tageliedes angeknüpft, und Ulrich von Lichtenstein hätte sich mit der einführung der zofe (s. de Gruyter, s. 25) gar der ursprünglichsten form wieder genähert.

Die lyrische verallgemeinerung des stoffes kann nicht befremden. Hier bietet sich als ganz analoges seitenstück die schwimmersage dar, die, wenn auch nicht aus derselben unmittelbaren quelle geschöpft, so doch aus demselben ursprung geflossen ist, und die noch heute in unzähligen lyrischen nachklängen fortlebt. Und gerade den ritterlichen sängern mußte die handlung eine sehr willkommene form darbieten, ihre ausdrücke und theorien hineinzugießen.

Welche wanderung freilich unser stoff durchgemacht hat, um im ritterlichen tageliede seine kunstvollste und wirksamste erscheinungsform zu finden, wer will das noch bestimmen? War es ein kleriker, der ihn zunächst in das gewand der lat. vagantenlyrik kleidete? War es ein gelehrter troubadour, der ihn in der volkssprache, vielleicht zuerst in romanzenform, behandelte?

Letztere annahme erscheint in der tat nicht ganz aus der luft gegriffen. Die prov. alba nr. I zeigt in ihrer form und vor allem im refrain große ähnlichkeit mit den afr. 'chansons de toile': und daß dieselbe dichtungsart auch in der Provence bestanden hat, wissen wir ja aus dem drama von der heiligen Agnes (s. Stimming in Gröbers Grundriß II, ıı, s. 13, 14). Auf eine solche romanze, deren refrain wir uns dem von I gleich oder ähnlich denken können, wäre dann die ganze spätere mannigfaltigkeit des tageliedes zurückzuführen. Und so erscheint dadurch wieder unsere frühere aufstellung gestützt, daß wir gerade in jener alba die altertümlichste zu erblicken haben.

Anhang.

Die weise des altfranzösischen tageliedes.

Nachstehend gebe ich die weise des in der ersten abhandlung besprochenen altfranz. gedichtes in modernen notenzeichen wieder. Sie ist abwechselnd im C- und im F-schlüssel sehr sauber und schön notiert, so daß über den gang der melodie im allgemeinen wol kein zweifel herrschen kann; die noch neumenartigen notenköpfe haben keine striche, die ligaturen tragen schon deutlich den charakter der von Ambros so genannten „nägel- und hufeisenschrift." Den rhythmus habe ich freilich lediglich nach meinem eigenen gefühl hergestellt, da das original höchstens durch die ligaturen eine kleine andeutung verschiedenen wertes giebt; es versteht sich übrigens, daß takt und rhythmus nicht so streng zu nehmen sind wie in der modernen musik. Gebessert habe ich nur an einer stelle: die beiden schlußnoten sind im original d statt c, ein offenbarer fehler, wol veranlaßt durch die berechtigten d von *proie*. Nicht ganz klar ist die gruppe *voie*, bei der im facs. noch zwei andere, aber anscheinend radierte noten sichtbar sind.

Man wird im tonsetzer den dichter wiederfinden. Namentlich sei auf die kecke energie hingewiesen, mit der die weise, im gegensatz zu den meisten gleichzeitigen, sofort den vollen umfang der oktave durchschreitet.